Ann Irwin

Unser Kind fängt an zu stottern

Für alle Eltern, die das Stottern ihrer Kinder überwinden

Du süßer Benjamin bist noch so klein
und kannst noch nicht Herr Deiner Sprache sein.
Mach' sie zum Sklaven Dir, solang' Du frei
Werd Du ihr Herr, daß sie nicht Deiner sei.

Ann Irwin

Unser Kind fängt an zu stottern

Wie Sie Ihrem Kind helfen, das Stottern zu überwinden

Aus dem Englischen übersetzt von Carmen M. Lang

Leserservice:
Wenn Sie Fragen oder Anregungen
zu diesem Buch haben, schreiben
Sie uns!
TRIAS Verlag, Postfach 301120,
D-70451 Stuttgart

Umschlaggestaltung:
Cyclus · D+P Loenicker, Stuttgart

Titel der Originalausgabe:
Irwin, Ann:
Stammering in young children.
Published by Thorsons Publishing
Limited, Wellingborough, England.
© Ann Irwin 1988

Fotos:
Umschlag: Stock Market
S. 24: Bavaria

Lektorat:
Stefan Vieregg

Die Deutsche Bibliothek –
CIP Einheitsaufnahme
Irwin, Ann:
Unser Kind fängt an zu stottern: wie Sie
Ihrem Kind helfen, das Stottern zu überwinden / Ann Irwin. Aus dem Engl. übers. von
Carmen M. Lang. – Stuttgart: TRIAS, 1998
  Einheitssacht.: Stammering in young
  children <dt.>
  Früher u.d.T.: Irwin, Ann: Mein Kind fängt
  an zu stottern

Gedruckt auf chlorfrei
gebleichtem Papier

© 1998 Georg Thieme Verlag
Rüdigerstraße 14,
D-70469 Stuttgart
Printed in Germany
Satz: Fotosatz H. Buck, Kumhausen
Druck: Gulde-Druck, Tübingen

ISBN 3-89373-436-8   2 3 4 5 6

Geschützte Warennamen (Warenzeichen)
werden **nicht** besonders kenntlich gemacht.
Normalerweise handelt es sich um deutsche
Warenzeichen bzw. Warennamen, österreichische sind mit (Ö) gekennzeichnet. Aus
dem Fehlen eines solchen Hinweises kann
also nicht geschlossen werden, daß es sich
um einen freien Warennamen handele.
Das Werk, einschließlich aller seiner Teile,
ist urheberrechtlich geschützt. Jede Verwertung außerhalb der engen Grenzen des Urheberrechtsgesetzes ist ohne Zustimmung
des Verlages unzulässig und strafbar. Das
gilt insbesondere für Vervielfältigungen,
Übersetzungen, Mikroverfilmungen und die
Einspeicherung und Verarbeitung in elektronischen Systemen.

Inhalt

- **Zu diesem Buch** — 9

- **Wie kann die Präventiv-Therapie stotternden Kindern helfen?** — 11

  Das sollten Sie beachten — 12
  - Die Möglichkeiten eines Selbsthilfeprogramms — 13
  - Die wichtige Rolle der Eltern — 15

  Stottern und »normales« Sprechen — 18
  - Fließende Grenzen — 19
  - Ursachen für beginnendes Stottern — 21
  - Wie macht sich Stottern bemerkbar? — 21

- **Präventiv-Therapie Teil I
  Situationen, die Druck auf das Sprechen ausüben** — 25

  Therapieschritt 1: Bieten Sie Ihrem Kind Schutz — 26
  - So lernen Sie, nicht mehr negativ auf das Stottern zu reagieren — 27
  - Was verschlimmert und was verbessert das Stottern? — 39

  Therapieschritt 2: Weniger Fragen stellen — 48
  - Warum viele Fragen Schaden anrichten — 48
  - Wenn andere Fragen stellen — 54
  - Weniger Druck durch weniger Fragen — 55

  Therapieschritt 3: Nicht zum Sprechen auffordern — 59
  - »Sage« und »erzähle« — 60
  - Situationen, in denen Sie zum Sprechen auffordern dürfen — 62

■ Inhalt

Therapieschritt 4: Keine Unterbrechungen	64
– Wie wirkt sich Unterbrechen auf Benjamins Sprechen aus?	65
– Schwierigkeiten bei der Umsetzung der Therapie in die Praxis	66
Therapieschritt 5: Aufmerksamkeit schenken	69
– Hören und Zuhören	69
– Wie Sie das Zuhören in die Praxis umsetzen	72
– Der Wettbewerb um die Gelegenheit zu sprechen	75
– Typische Wettbewerbs-Situationen	76
Therapieschritt 6: Aussprache und Grammatik	80
– Was können Sie tun, um diesen Teil der Therapie in die Praxis umzusetzen?	81
– Wie Sie mit einem zusätzlichen Sprechproblem fertig werden	84
Eine kleine Erfolgsbilanz	85
– Bei Erfolg zurück zur Normalität	85
– Was tun, wenn Benjamin immer noch stottert?	87

● **Präventiv-Therapie Teil II**
Situationen, in denen indirekt Druck auf das Sprechen ausgeübt wird — 89

Erwartungen und aufregende Ereignisse	90
– Die Bedeutung realistischer Erwartungen	91
– Das Überwinden von Erlebnissen, die Angst machen	95
– Wie Sie starke Aufregung vermeiden können	96
– Soziale Situationen	96

Disziplin	97
– Wie kommt man mit den eigenen Gefühlen zurecht?	98
– Warum Disziplinierungsversuche Benjamins Sprechen manchmal schaden können	99
– Benjamin braucht das Gefühl der Sicherheit	101
Weitere Drucksituationen, die sich auf das Sprechen auswirken	112
Was Eltern am häufigsten wissen wollen	117
Eine mögliche Fallgeschichte	127

Zu diesem Buch

Ann Irwin ist eine Sprachtherapeutin, die den größten Teil ihrer beruflichen Tätigkeit dem Stottern gewidmet hat. Ihr besonderes Augenmerk galt dem frühkindlichen Stottern. Das vorliegende Buch schrieb sie für Eltern, die bei ihrem Kind ein beginnendes Stottern feststellen. Ann Irwins therapeutisches Programm wirkt indirekt, d.h., nicht das Kind wird behandelt, sondern in der nächsten Umgebung des Kindes wird eine Verhaltensänderung angestrebt: in der Familie, bei den Freunden, im Kindergarten.

Sie, die Eltern, sind die eigentlichen Therapeuten, indem Sie, dem Programm Schritt für Schritt folgend, diese Umgebung so verändern, daß Drucksituationen, die sich negativ auf das Sprechen Ihres Kindes auswirken, verringert und vermieden werden. Dabei gilt für Ann Irwin dieser Druck nicht als Ursache, sondern nur als Verstärker eines beginnenden Stotterns. Hinsichtlich der Frage nach den Ursachen des Stotterns kann auch Ann Irwin nur auf die vielen wissenschaftlichen Untersuchungen mit ihren mannigfaltigen Ergebnissen verweisen, die keine eindeutige Antwort zulassen. Im Einzelfall stellt sich für sie diese Frage überhaupt nicht, weil sie für den Inhalt und den Verlauf des Programmes nicht von Bedeutung ist. Ihre Methode ist im wesentlichen sprachorientiert und zielt auf die konkrete Situation ab, in der die Eltern und das Kind sich gerade befinden, und darauf, wie sie miteinander umgehen.

Selbst wenn es im Einzelfall möglicherweise tiefer liegende Ursachen gibt, so hinterläßt dieses Buch bei mir den nachhaltigen Eindruck, als ob die immense Zuwendung und Rücksichtnahme, die das Kind erfährt, und die aktive und bewußt auf das Kind gerichtete Haltung der Eltern alleine schon genügen, eine eventuell vorliegende Störung der Eltern-Kind-Beziehung zu beheben.

Positiv ist in jedem Fall die aktive Inanspruchnahme der Eltern, die selbst etwas tun können, um ihrem Kind (und sich selbst) in dieser Notsituation zu helfen. Sie können die lange Zeit des Wartens auf eine Besserung – wie sie durch eine direkte Behandlung entstehen würde – sinnvoll nutzen, und Sie dürfen am Ende stolz auf Ihre eigene Leistung sein. Das kann der Beziehung zu Ihrem Kind nur dienlich sein.

Das vorliegende Buch beinhaltet ein Programm, das Ann Irwin vielfach erprobt und mit Erfolg angewandt hat. Sie empfiehlt es allen betroffenen Eltern mit der festen Überzeugung, daß sie erfolgreich sein werden. Im Unterschied zur realen Behandlungssituation, in der ein Therapeut für Anfragen, Rückfragen, Hilferufe und Diskussionen stets zur Verfügung stand, kann ein Buch kein solcher Gesprächspartner sein. Wenn Sie also weiteren Beratungsbedarf haben und das geschriebene Wort nicht mehr weiterhilft, sollten Sie einen Sprachtherapeuten (einen Logopäden) aufsuchen.

Das Programm von Ann Irwin hat einige wesentliche Vorteile: Die gefürchtete Bewußtmachung, d.h. das Wissen des Kindes darum, daß mit seiner Sprache etwas nicht in Ordnung ist, die so leicht aus dem Entwicklungsstottern ein manifestes Stottern werden läßt, wird vermieden. Die Eltern können selbst in das Geschehen eingreifen und werden regelrecht entlastet, weil jede Schuldzuweisung vermieden wird. Darüber hinaus können sie in der jeweiligen Situation spontan reagieren. Es bedarf keines Vermittlers zwischen dem Kind und dem Therapeuten. Die Eltern beurteilen die Situation nicht aus der Distanz und können damit dem Kind eher gerecht werden.

Das Buch ist also zweifellos eine große Hilfe und wird bei konsequenter Arbeit auch zu dem versprochenen Erfolg führen. Diesen Erfolg und die notwendige Geduld wünsche ich allen Eltern, die sich auf den Weg machen wollen, ihr Kind vor der »Sklaverei« des Stotterns zu bewahren. Mach's gut, Benjamin!

Carmen M. Lang

Wie kann die Präventiv-Therapie stotternden Kindern helfen?

Ich werde oft nach der Ursache für das Stottern gefragt, und meine Antwort lautet: Ich weiß es nicht. Niemand weiß es. Es ist ein Rätsel in der 60jährigen Forschung – vor allem in den USA – geblieben.

Stottern scheint sich durch ganze Familien hindurchzuziehen – oft genug kommt man zu der Überzeugung, daß es eine angeborene Neigung zum Stottern gibt. Manchmal stottern mehrere Mitglieder einer Familie, aber noch häufiger gibt es eine, zwei oder drei stotternde Personen in der weiteren Verwandtschaft, und zwar eher bei den männlichen als bei den weiblichen Familienmitgliedern.

Es kann sich um den Vater oder die Mutter des Kindes handeln oder um irgendwelche anderen Verwandten. Feststellbar ist jedoch eine Tendenz, daß es sich bei den anderen stotternden Verwandten nicht um Mitglieder der engeren Familie handelt, sondern zum Beispiel um einen Onkel, eine Tante, einen Großonkel oder einen Vetter.

Man nimmt an, daß ungefähr ein Prozent der erwachsenen Bevölkerung stottert, und man schätzt, daß das Stottern bei vier Prozent der Kinder auftritt. Damit haben wir einen ersten kleinen Hinweis, der uns beruhigt: daß sich nämlich bei drei von vier Kindern das Stottern spontan verliert. Aber was ist mit dem einen Prozent, das mit dem Stottern nicht ohne fremde Hilfe fertig wird? Und wie sieht diese Hilfe aus? Ich hoffe, daß die Präventiv-Therapie, wie wir sie in diesem Buch vorstellen, einen wesentlichen Teil der Antwort darstellen wird.

■ Wie kann die Präventiv-Therapie stotternden Kindern helfen?

Es gibt keinen Zweifel daran, daß das Kind mit höchster Wahrscheinlichkeit aufhören wird zu stottern, wenn alle Personen in der Umgebung des Kindes das Richtige tun.

> **Die Grundüberzeugungen der Präventiv-Therapie**
> - Das Auftreten des Stotterns bei einem Vorschulkind hängt nicht vom Kind ab, sondern vom Verhalten der Menschen in seiner Umgebung, vor allem dem seiner Eltern.
> - Stottern bleibt bestehen und verstärkt sich, solange auf das Sprechen des Kindes Druck ausgeübt wird.
> - Stottern nimmt mehr und mehr ab, wenn der Druck verringert wird.

Das sollten Sie beachten

Die größte Bedeutung kommt einer Sprachtherapie bei *kleinen* Kindern zu, weil das Problem in den meisten Fällen in frühen Jahren auftritt und im Frühstadium auch am ehesten durch eine Therapie gelöst werden kann. Stottern beginnt ungefähr im Alter von zwei Jahren bis zum Alter von neun Jahren; Ausnahmen davon sind selten. In den meisten Fällen tritt es im Alter zwischen drei und fünf Jahren auf.

Man kann ganz allgemein sagen, daß stotternde Erwachsene lernen können, mit ihrem Stottern umzugehen und das Problem recht gut zu kontrollieren; sie werden es jedoch kaum vollständig überwinden.

Viele Kinder, die älter sind als zwei Jahre, und auch Jugendliche geben das Stottern wieder auf, aber manchen gelingt es eben nicht. Ich habe die Erfahrung gemacht, daß die Gruppe der Fünf- bis Siebenjährigen hervorragend auf die Präventiv-Therapie anspricht und eine fast ebenso hohe Erfolgsrate hat wie die Gruppe der unter Fünfjährigen. Das mag daran liegen, daß sich das Stottern in diesen frühen Jahren noch nicht so sehr verfestigt hat;

möglicherweise hängt es auch davon ab, daß im Kindergarten, in der Schule und zu Hause in diesem Alter noch nicht soviel erwartet wird. Bei Kindern unter fünf Jahren bestehen die größten Chancen, daß sich das Stottern vollständig verliert.

Die Möglichkeiten eines Selbsthilfeprogramms

Personen mit manifestem Stottern werden Mühe haben, sich anhand eines Behandlungsprogramms aus einem Buch erfolgreich selbst zu behandeln. Geht es jedoch darum, das Wissen aus einem Buch bei einem Betroffenen anzuwenden, so etwa bei einem kleinen Kind, wo das Verschwinden des Stotterns vor allem von den Eltern abhängt, wird ein Programm in schriftlicher Form kaum Schwierigkeiten machen. Der Erfolg hängt allein davon ab, daß die Eltern das Therapie-Programm lesen, es verstehen und dann in die Tat umsetzen.

In der Regel wissen die Eltern nicht, wie sie mit dem Stottern umgehen sollen. Sie bemühen sich jedoch verzweifelt darum, das herauszufinden. Gewöhnlich gehen sie zuerst zu ihrem Arzt, der in vielen Fällen versuchen wird, sie zu beruhigen, indem er erklärt, daß ihr Kind »herauswachsen« wird und daß sie sich »nicht sorgen« sollten.

In Wirklichkeit werden Wochen und Monate vergehen, und in einigen Fällen wachsen die Kinder nicht nur *nicht* heraus, sondern das Stottern verstärkt sich sogar. Die Eltern warten besorgt darauf, daß das Stottern nachläßt, und sind hilflos, weil sie nicht wissen, was sie tun sollen.

Das Ziel der Präventiv-Therapie

Wichtig für die Präventiv-Therapie ist die Beseitigung des Stotterns, bevor es sich verstärkt und manifest wird, indem jedweder Druck auf das Sprechen des Kindes vermieden wird.

Das geschieht durch oder über die Eltern und wird Schritt für Schritt besprochen.

Wie kann die Präventiv-Therapie stotternden Kindern helfen?

Warum Druck schadet

Dieser auf das Kind oft ausgeübte Druck gilt nicht als *Ursache* des Stotterns, er führt allerdings dazu, daß das Stottern andauert. Aus diesem Grund ist es so wichtig zu wissen, welcher Art dieser Druck ist und wie man ihn beseitigen kann. *Die Eltern sind in keiner Weise verantwortlich zu machen* für diesen Druck; sie wissen nicht einmal, daß er existiert, und haben keine Ahnung davon, wodurch er entsteht. Können diese Drucksituationen vermieden werden, dann wird das Kind mit größter Wahrscheinlichkeit sein Stottern verlieren.

Viele Sprachtherapeuten halten seit langem an der Meinung fest, daß eine direkte Sprechbehandlung für die ganz kleinen stotternden Kinder nicht angebracht sei. Vor Jahren, als ich mich sowohl mit den Kindern als auch mit den Eltern beschäftigte, hatte ich den Eindruck, daß die Zeit, die ich mit den *Eltern* verbrachte, viel effektiver war als die Zeit, die ich dem *Kind* widmete. Wenn wir uns unterhielten und einige Dinge diskutierten, die das Sprechen des Kindes förderten oder behinderten, wurde mehr und mehr deutlich, daß es gewöhnlich Drucksituationen

waren, die das Stottern verstärkten, und daß es in der Regel die Eltern waren, die diese unwissend herbeiführten.

Die Drucksituationen, über die wir sprachen, ähnelten jenen, die viele Jahre lang in der Literatur zum Thema Stottern diskutiert wurden. Manchmal wurde bemerkt, daß man nicht zu sehr nach den Eltern fragen sollte; in therapeutischen Situationen waren jedoch die Versuche, den Druck zu *verringern,* oft ohne auffallende Wirkung auf das Stottern des Kindes geblieben. Als wir aber begannen, zusammen mit den Eltern systematisch und ernsthaft eine Drucksituation nach der anderen zu beseitigen, zeigte sich ein deutlicher Unterschied. Wir bemerkten auch, daß es nicht half, wenn die Arbeit nur halbherzig gemacht wurde; es stellte sich heraus, daß es notwendig war, sich dieser Sache ganz zu widmen. Als dann ein Kind nach dem anderen sein Stottern vollständig verloren hatte, schien »Präventiv-Therapie« der angemessene Begriff zu sein, um das zu beschreiben, was sich vollzog. Ich glaube, dieser Erfolg basiert darauf, daß wir sechs Situationen klar definieren konnten, in denen Druck auf das Sprechen ausgeübt wird, und ferner darauf, daß wir alle diese Drucksituationen allmählich und systematisch reduzieren konnten. Durch dieses schrittweise Vorgehen haben die Eltern genügend Zeit, die Bedeutung der Drucksituationen zu erkennen und gründlich an deren Verringerung zu arbeiten.

Die wichtige Rolle der Eltern

Wir stellten fest, daß es nicht einmal notwendig war, daß das Kind zu uns in die Klinik kam, statt dessen ließen wir nur die Eltern kommen. Sie sind es schließlich, die die ganze Behandlung durchführen. In der Regel sehe ich das Kind nur ein einziges Mal, und zwar dann, wenn die Eltern mich das erste Mal aufsuchen. Darauf lege ich Wert, weil ich das Kind kennenlernen und sein Sprechen hören möchte und weil ich wissen will, über wen wir in den späteren Sitzungen mit seinen Eltern sprechen. Wenn ich das Kind überhaupt noch einmal sehe, dann ist das gewöhnlich an dem Tag, an dem es »entlassen« wird. Die Eltern,

■ Wie kann die Präventiv-Therapie stotternden Kindern helfen?

denen ich begegne, sind natürlich jene, die aktiv Hilfe gesucht haben. Ich bewundere sie: Sie sind begierig, alles zu tun, was in ihren Möglichkeiten steht. Wenn sie einmal wissen, worum es geht, dann arbeiten sie sehr bewußt daran, den Sprechdruck abzubauen; und ich muß sagen – ohne Sie desillusionieren zu wollen –, es *ist harte* Arbeit. Man braucht Zeit und genügend Konzentration.

Oft kommen beide Eltern in die Klinik, aber in den meisten Fällen ist es nur die Mutter. Sie ist es auch, die die Verantwortung übernimmt, dem Vater all das zu erklären, worüber wir gesprochen haben und es ist wiederum sie, die sicherstellt, daß auch all die anderen Personen in der Umgebung des Kindes den Druck verringern.

Fallbeispiel

Johannes

Ein glücklicher Vater sagte uns an dem Tag, als wir seinen sechs Jahre alten Sohn entließen, sechs Monate nachdem er sein Stottern völlig aufgegeben hatte: »Wir haben nie daran geglaubt, daß Johannes eines Tages völlig geheilt entlassen werden würde. Jetzt, da er aufgehört hat zu stottern, kann ich Ihnen ja erzählen, was wir dachten, als wir Ihnen das erste Mal begegneten: Wir haben einfach nicht geglaubt, was Sie sagten. Als Sie uns baten, ihn nicht mehr zum langsamen Sprechen anzuhalten, waren wir entsetzt. Sie baten uns, das *einzige* zu unterlassen, das ihn dazu brachte, nicht mehr zu stottern; wir konnten nicht glauben, daß Sie das von uns verlangten; das ergab keinen Sinn. Wir wußten nicht, *was* wir danach tun sollten, und wir haben endlos lange darüber gesprochen. Wir waren uns so sicher, daß Ihr Rat falsch war. Aber schließlich beschlossen wir, das zu tun, wozu Sie uns geraten hatten, weil es keinen anderen Rat gab. Deshalb können Sie *anderen* Eltern, die Ihnen nicht glauben, ruhig anbieten, uns anzurufen, und wir werden ihnen raten, das zu tun, was Sie sagen, auch wenn diese Eltern den Eindruck haben, daß der Rat falsch sei!«

Für die Eltern und für mich ist es eine große Freude, ein Kind in der Gewißheit zu entlassen, daß das Stottern vollständig verschwunden ist, und zwar bereits seit mehreren Monaten. Wenn das Kind über einen Zeitraum von sechs bis neun Monaten nicht mehr gestottert hat, ist die Wahrscheinlichkeit, daß es wieder damit beginnt, gleich Null. Ich habe nur unter extremen Bedingungen Rückfälle erlebt, so z.B. während des Zweiten Weltkrieges, als einige Kriegsgefangene in japanischen Kriegsgefangenenlagern wieder zu stottern begannen, obwohl sie das Stottern schon in ihrer Kindheit verloren hatten. Man kann jedoch in der Praxis davon ausgehen, daß das Stottern verschwunden ist, wenn es neun Monate lang nicht mehr auftrat.

Therapie als Chance

Leider hat man nur zwei Möglichkeiten: Entweder man gibt das Stottern auf, oder man hat ein lebenslängliches Problem. Das Ausmaß dieses Problems entspricht bei Erwachsenen dem Schweregrad des Stotterns und der jeweiligen Persönlichkeitsstruktur. Manche Leute, die stottern, werden mehr oder weniger leicht damit fertig, andere jedoch, die ihren Weg in eine Sprachtherapie finden, erleben es als eine Quelle ständiger Störung – um es milde auszudrücken. Um nur einige Beispiele zu nennen: Ein Sozialarbeiter, den ich kannte, konnte nachts nicht schlafen, weil er vor einem Gericht sprechen sollte und befürchtete, daß er im kritischen Moment nicht in der Lage sein würde zu sprechen; ein fachärztlicher Berater geriet in Panik bei dem Gedanken, eine Vorlesung für Medizinstudenten halten zu müssen; ein Postbote war glücklich, daß er Briefe austragen konnte, weil er dabei nicht sprechen mußte, aber er fürchtete sich davor, Pakete auszuliefern, weil er klingeln und mit demjenigen sprechen mußte, der sich melden würde. Die gedankliche Vorwegnahme des Stotterns und die Angst davor verursachen die größten Probleme. Ein Beispiel dafür ist der Mann, der sein Haus verkaufte und in eine andere Straße zog, weil er nicht fähig war, seine Adresse zu sagen; innerhalb von wenigen Monaten war er bereits wieder nicht mehr in der Lage, seine neue Adresse auszusprechen. Solche Situationen müssen nicht entstehen, wenn Sie den Vorteil der Präventiv-Therapie nutzen.

Wie kann die Präventiv-Therapie stotternden Kindern helfen?

Ich werde das stotternde Kind durchgängig »Benjamin« nennen, inspiriert durch das Gedicht, das am Anfang des Buches steht; ich ziehe diesen Namen der häufigen Wiederholung des Satzes »das Kind, das stottert« vor. Der Begriff »Stotterer« sollte meines Erachtens überhaupt vermieden werden, weil wir aufhören sollten, Menschen zu etikettieren. Wenn wir ihnen einmal ein Etikett verliehen haben, neigen wir dazu, sie auch im Sinne dieses Etiketts zu betrachten. Deshalb haben auch Eltern, die ihr Kind als Stotterer ansehen oder von ihm oder ihr als »Stotterer« reden, die Tendenz, das Kind als unnormal zu betrachten, anstatt es als normales Kind zu behandeln, das zufällig stottert.

Stottern und »normales« Sprechen

Stottern zu diagnostizieren ist nicht immer so einfach, wie man annehmen möchte. Jeder von uns ist in gewisser Weise das, was Sprachtherapeuten »nicht-flüssig« (non-fluent) nennen, und im allgemeinen sind Kinder eher nicht-flüssig als Erwachsene. Nehmen Sie zur Erklärung dessen, was ich meine, das folgende Beispiel:

Eine befreundete Sprachtherapeutin und ich besuchten gewöhnlich dieselbe Kirche. Wir hatten einen Priester, den wir für einen flüssigen Sprecher hielten. Er suchte nie nach Worten, er schien nicht zu zögern, und seine Predigten dauerten in der Regel 20 Minuten. Eines Tages, als meine Freundin und ich uns über normales nicht-flüssiges Sprechen unterhielten, sagte sie, daß sie am folgenden Sonntag in die Kirche gehen und, anstatt der Predigt zuzuhören, zählen wollte, wie oft der Priester nicht-flüssig sein würde. Sie kam auf 52mal.

Wenn der Priester die durchschnittliche Geschwindigkeit von 140 Wörtern pro Minute beibehalten und 20 Minuten lang gesprochen hatte, dann war er in einem von 54 Wörtern nicht-flüssig. Wenn ein berufsmäßiger Sprecher, der Notizen verwendet und im allgemeinen für flüssig gehalten wird, derart »nicht-flüssig« sein kann, so muß man sich einmal die Rate für Sie oder mich vorstellen, ganz zu schweigen von den Kindern. Jeder von uns ist auf unterschiedliche Weise nicht-flüssig. Manche Leute sagen »eh« und »hm« zwischen den Wörtern, wir wiederholen auch Laute (aaa…ls), wiederholen Silben (als, als, als) und sogar ganze Satzteile (als ich in…, als ich in…). Die meisten von uns sind sich darüber im klaren, daß es normal ist, nicht vollkommen flüssig zu sein, aber wir haben überhaupt keine Vorstellung davon, wie nicht-flüssig wir im allgemeinen sind. Gelegentlich habe ich gehört, wie Sprecher, speziell Politiker, im Radio oder im Fernsehen Satzteile bis zu zehnmal wiederholt haben. Wenn Sie aufhören, dem Inhalt einer Unterhaltung oder Rede zuzuhören, und statt dessen auf die Unterbrechungen achten, werden Sie erstaunt sein, wie viele Sie entdecken werden. Es ist am einfachsten, Leuten im Radio oder im Fernsehen zuzuhören, weil man dann seine Aufmerksamkeit der Art und Weise zuwenden kann, *wie* gesprochen wird, und weil man nicht auf das antworten muß, *was* sie sagen. Das gilt jedoch nicht für Leute, die nicht spontan sprechen. Man hört keine Unterbrechungen bei einem Nachrichtensprecher oder bei jemandem, der seine Rede auswendig gelernt hat. Ich erinnere mich daran, Sir Ralph Richardson im Radio zugehört zu haben; meine Aufmerksamkeit wurde geweckt, weil ich dachte, daß ein Radiosprecher Stottern besonders gut kontrollieren würde – alles was ich entdecken konnte, waren winzige Blockierungen beim Sprechen. Ich wußte bis zum Ende des Programms nicht, wer der Sprecher war. Wenn Sir Ralph in einem solchen Ausmaß nicht-flüssig war, dann kann man sich gut vorstellen, wie nicht-flüssig wir sein müssen!

Fließende Grenzen

Wenn ein Politiker einen Satzteil zehnmal wiederholen kann, ohne als Stotterer betrachtet zu werden, wie kommt es dann, daß Benjamin einen Satzteil nur dreimal zu wiederholen braucht und bereits für einen Stotterer gehalten wird? Halten vielleicht die Eltern normales Sprechen für Stottern, falls – was ja häufig vorkommt – in der Familie bereits gestottert wird? Man stelle sich einen Vater vor, der stottert; sein Sohn Benjamin wiederholt das, was er sagt: »Mama, Mama, Mama, ich möchte, möchte, möchte mit dem Ba-Ba-Ball spielen«. Der Vater, der verständlicherweise befürchtet, daß sein Sohn das gleiche Problem entwickeln könnte wie er selbst, fängt an, darauf zu achten, dann sich zu sorgen, dann zu diagnostizieren. Diese Diagnose könnte der Beginn eines Sprechproblems sein: Wenn das Kind einmal als Stotterer bezeichnet wurde, beginnen die Leute auf sein Sprechen zu reagieren, sie werden aufmerksam und beginnen zu »korrigieren«.

Ein anderes Beispiel: Stellen Sie sich eine Familie vor, in der ein Kind seine Worte in derselben Weise wiederholt wie Benjamin. In dieser Familie fällt das niemandem auf, und falls es jemand bemerkt, wird es als normal angesehen, weil das Kind schließlich noch klein ist und man erwartet, daß es nicht-flüssig spricht. In beiden Fällen ist das Sprechen des Kindes genau das gleiche; in der einen Familie hält man es jedoch für Stottern, und in der anderen Familie wird es als normales Sprechen eines Kindes angesehen.

Wenn Sie zehn Leuten eine Rede auf Tonband vorspielen und sie bitten, die Unterbrechungen zu zählen, werden Sie höchstwahrscheinlich zehn verschiedene Zahlen erhalten. Wenn Sie ihnen eine Aufnahme von einer stotternden Person vorspielen und sie bitten zu zählen, wie oft gestottert wurde, werden Sie ziemlich sicher ebenfalls zehn verschiedene Zahlen bekommen. Ich bin sicher, daß Sie jetzt verstehen, daß vieles vom Hörer – und nicht nur vom Sprecher – abhängt, und zwar davon, wie er das Sprechen der anderen beurteilt.

Man darf auch nicht vergessen, daß wir nicht mit einer fertigen Sprache in unseren Köpfen auf die Welt kommen. Das Kind lernt die Sprache von den Personen in seiner Umgebung. Gewöhnlich spricht es mit ungefähr einem Jahr die ersten Wörter, dann kommen Zwei-Wort-Sätze, Mehr-Wort-Sätze und schließlich vollständige Sätze. Das gelingt natürlich nicht, ohne auch häufig über Wörter zu stolpern, nach Worten zu suchen, die falschen Wörter zu gebrauchen und – das muß betont werden – an Wörtern hängen zu bleiben. Viele Erwachsene, die versuchen, eine neue Sprache zu lernen, verbringen die meiste Zeit damit, »eh« und »hm« zu sagen. Zweifellos kann man so auch bei einem Kind, das nicht stottert, die Diagnose »Stottern« stellen. Es kommt allerdings auch vor, daß Kinder, die stottern, noch ein Jahr, bevor das Stottern auftrat, für normal sprechend gehalten wurden. Es muß also unterschiedliche Einflüsse auf ihr Sprechmuster geben.

Ursachen für beginnendes Stottern

Wie kommt es, daß Benjamin zu stottern beginnt, obgleich seine Geschwister nicht stottern? Alles, so scheint es, kann dafür als Auslöser dienen. Wenn man Eltern fragt, wodurch ihrer Meinung nach das Stottern ausgelöst wurde, so sagen sie z.B., daß es die Nachahmung des Nachbarjungen gewesen sei; die Furcht vor einer Katze; der Tod der Großmutter; als er beinahe von einem Auto überfahren wurde; als ihn ein Hund gebissen hat; als er Keuchhusten bekam; als seine Mutter ins Krankenhaus mußte; als die Bratpfanne Feuer fing. Manchmal sagen sie: »Als er in die Schule kam« und manchmal einfach: »Wir wissen es nicht«. Diese Beispiele geben uns eine Vorstellung von den äußeren Umständen, die als Auslöser für das Stottern genannt werden; aber *warum* es wirklich beginnt, ist immer noch ein Geheimnis.

Wie macht sich Stottern bemerkbar?

Das Stottern kann sich allmählich entwickeln oder plötzlich auftreten. Eine Mutter sagte: »Ich habe kaum bemerkt, wie es anfing. Ich hielt es für normales Sprechen. Dann wurde es immer stärker, und es dauerte Monate, bis wir an wirkliches Stottern dachten.« Eine andere Mutter sagte: »Er sprach ganz normal, und eines Tages begann er zu stottern. Es kam so plötzlich, daß ich es in meinem Tagebuch notierte.« Weitere Verwirrung entsteht, weil das Stottern oft kommt und geht: Im einen Augenblick spricht das Kind flüssig, im nächsten stottert es. Die Länge der flüssigen Phasen variiert und kann Minuten, Stunden, Wochen oder sogar Monate dauern. Die Eltern sind oft ausgezeichnete Beobachter. Sie wissen, ob das Stottern am Anfang des Wortes, am Anfang von Sätzen oder innerhalb von Wörtern auftaucht; sie können in etwa die Häufigkeit angeben und die hauptsächliche Ursache, z.B. Aufregung. Auch die Art des Stotterns wird von ihnen erkannt, wenn sie sich verschiedene Formen anhören. Sie können allerdings mit eigenen Worten die Stottersymptomatik kaum beschreiben.

Die häufigsten Stotter-Symptome

- Wiederholung von Lauten (M-M-M-Mama)
- Wiederholung von Silben (Ma-Ma-Ma-Mama) und einsilbigen Wörtern (dann, dann, dann)
- Wiederholung von Wörtern (warum, warum, warum)
- Wiederholung von Satzteilen (Ich will, ich will, ich will)
- Verlängerung von Konsonanten/Mitlauten (*Mmmm*ama)
- Verlängerung von Vokalen/Selbstlauten (M*aaa*ma)
- unangebrachte Pausen

Ein Kind kann eines dieser Symptome zeigen oder mehrere auf einmal. Zusätzlich hält es vielleicht die Hand vor den Mund, als ob es sich wegen seines Sprechens schämen würde, und in selteneren Fällen greift es sich vielleicht an den Hals, als ob es den Wörtern helfen wollte, herauszukommen.

Das echte Stottern wird immer von einer gewissen *Spannung* begleitet, sobald diese Symptome auftreten. Der Grund der Spannung variiert von Kind zu Kind und von ganz schwach bis sehr stark. Wenn keinerlei Spannung vorhanden ist, stottert das Kind möglicherweise gar nicht, sondern ist nur häufiger nicht-flüssig als das durchschnittliche Kind. Es ist nicht immer möglich, den Unterschied zwischen Stottern und normalem nicht-flüssigem Sprechen zu erkennen. Seltsamerweise wird die Wiederholung von mehrsilbigen Wörtern oft nicht als Stottern erkannt. Wenn ein Kind »Mama, Mama, Mama, komm her« ruft, könnte das bei dem Zuhörer den Eindruck von Aufregung oder Panik vermitteln und gar nicht wie Stottern klingen.

Blocks als deutliches Zeichen

Ein eindeutigeres Symptom als Wiederholungen oder Dehnungen sind *Blocks*. Blocks treten an solchen Stellen auf, an denen sich bei normalem Sprechen zwei Sprechorgane weich begegnen, beim Stottern jedoch gespannt aufeinandertreffen. Das kommt z.B. vor, wenn die Lippen zum »p« oder »b« zusammenkommen, wenn die Zungenspitze sich zum harten Gaumen hebt für »t« oder »d« und wenn der Zungenrücken sich zum weichen Gaumen hebt für »k« oder »g«. Blocks tauchen besonders auf der Ebene der Stimmlippen im Kehlkopf auf (im Hals, umgangssprachlich »Adamsapfel« genannt), die bei normalem Sprechen schwingen, um Stimme zu produzieren.

Diese Blocks können stimmlos oder stimmhaft sein. Sie tauchen häufiger bei älteren Kindern oder erwachsenen Stotternden auf, aber manchmal auch bei jüngeren Kindern. Wenn sie stark sind, schwellen die Halsvenen an, und/oder die Augen treten hervor. Wenn das schwierige Wort heraus ist, verschwindet die gesamte Spannung, und die Sprechmuskulatur normalisiert sich wieder.

Stottern kann bei jedem Wort und an jeder Stelle eines Satzes auftreten, am häufigsten kommt es jedoch bei Sprechbeginn vor. Es erscheint häufiger am Anfang eines Satzes und fast immer am Anfang eines Wortes, entweder auf dem ersten Laut oder dem ersten Vokal. Wenn vor oder zwischen Wörtern gestottert wird, jedoch nicht auf dem Wort selbst, dann zeigt sich dies als wiederholter oder langgezogener Vokal, zum Beispiel a, a, a, a oder a a a.

Es gibt keinen Grund, sich über ein schweres Stottern mehr Gedanken zu machen als über ein leichtes – beide Formen sprechen auf die Präventiv-Therapie an.

Präventiv-Therapie Teil I
Situationen, die Druck auf das Sprechen ausüben

Lesen Sie, wie Eltern es in sechs Therapieschritten schaffen können, Ihrem Kind dabei zu helfen, das Stottern zu überwinden.
Als Leitgedanke dient die Vorstellung, daß jede Präventiv-Therapie auch eine Schirm-Therapie ist, im Sinne eines Schützens und Abschirmens des Kindes vor Drucksituationen, die sein Sprechen blockieren und sein Stottern verstärken.

Therapieschritt 1: Bieten Sie Ihrem Kind Schutz

Präventiv-Therapie zeigt, wie man aufhören kann, negativ auf das Stottern zu reagieren, und wie man lernen kann, herauszufinden, was das Stottern verstärkt und was es verringert. Ich empfehle Eltern immer, an einen aufgespannten Schirm zu denken, wenn sie ihrem Kind helfen wollen. Denn ein Schirm hält den Regen, den Schnee, den Hagel und den Wind ab, er schützt uns vor den Elementen. Die Präventiv-Therapie hält die schädlichen Einflüsse durch andere Leute ab; sie beschützt das stotternde Kind davor, daß man es vom Stottern abhalten möchte, und deshalb habe ich das Gefühl, daß das Bild vom Schirm sich hier sehr gut eignet. Das stotternde Kind benötigt Schutz vor jedem Druck, der auf sein Sprechen ausgeübt wird, weil Druck dazu führt, daß das Kind sich vor dem Sprechen ängstigt und das Stottern sich dadurch nur verschlimmert.

Der Schirm stellt für mich einen ganzheitlichen Schutz für das Kind dar, derjenige, der ihn hält, reagiert nicht negativ auf Stot-

tern. Ich stelle mir vor, daß das Kind unter den Schutz des Schirmes gestellt und vor dem besonderen Druck beschützt wird, den man auf sein Sprechen ausübt.

So lernen Sie, nicht mehr negativ auf das Stottern zu reagieren

Was ist damit gemeint, wenn ich sage, daß man lernen muß, nicht mehr negativ auf das Stottern zu reagieren? Wir wollen Benjamins Sprechen zunächst aus seiner eigenen Sicht betrachten und dann aus der Sicht der Menschen in seiner Umgebung, vor allem der seiner Eltern.

Stellen wir uns also Benjamin vor. Nehmen wir an, er ist vier Jahre alt und lebt zusammen mit seinem sechsjährigen Bruder Felix, seiner Mutter und seinem Vater. Es handelt sich um eine glückliche Gemeinschaft, und die Familie hat viel Freude und Spaß miteinander. Felix geht in die Schule und der Vater zur Arbeit. Dadurch haben Benjamin und seine Mutter viel gemeinsame Zeit. Manchmal kommen Freunde und Verwandte zu Besuch, und ein andermal gehen Benjamin und seine Mutter gemeinsam einkaufen oder in den Park zum Spielen oder ins Schwimmbad, wo Benjamins Mutter ihm das Schwimmen beibringt. Das Leben ist schön. Es macht Spaß. Benjamin nimmt – da er erst vier Jahre alt ist – jeden Tag, wie er kommt, er denkt wenig nach über Gestern und auch nicht viel über Morgen, falls nicht irgend etwas Aufregendes passiert. Er soll demnächst in den Kindergarten gehen und ist sehr gespannt darauf, denkt aber nicht allzuviel darüber nach.

Sein Herz schlägt und seine Lungen atmen; seine Augen können sehen und seine Ohren hören, aber er hat niemals über diese Dinge nachgedacht. Er ist viel zu jung, um irgend etwas über sein Herz, seine Lunge, seine Augen und Ohren zu wissen. Er spricht auch, und natürlich hat er sich nie um sein Sprechen gekümmert; er ist viel zu jung dazu. Sprechen geschieht einfach, darüber muß man nicht nachdenken. Wenn Benjamin über das Sehen nachdenken würde, wäre er glücklich, daß er sehen kann.

Wenn er über das Hören nachdenken würde, wäre er glücklich, daß er hören kann. Wenn er über das Sprechen nachdenken würde, wäre er glücklich, daß er sprechen kann, denn Sprechen ist das Tor zur Selbstdarstellung und der Entwicklung von Beziehungen, aber Benjamin weiß nichts von solchen Dingen. Er weiß auch nicht, daß er für manche Wörter länger braucht als für andere und daß er manchmal Laute wiederholt und Vokale verlängert. Das wurde ihm nie bewußt, und er hat es nie bemerkt. Aber seinen Eltern ist es aufgefallen.

Benjamins Eltern waren zunächst ein wenig besorgt über seine Sprache; jetzt hat sich ihre Besorgnis verstärkt, weil die Verzögerungen nicht aufgehört haben, wie sie hofften. Felix hat nicht in dieser Weise gesprochen, als er vier Jahre alt war; sein Sprechen war nie auffällig. Und komischerweise hat Felix nie bemerkt, wie Benjamin spricht; oder, falls er es doch merkte, hat er nie etwas gesagt. Freunden und Verwandten ist es jedoch aufgefallen, und sie haben oft gesagt: »Habt ihr bemerkt, wie Benjamin spricht?« Und vor kurzem sagten sie: »An eurer Stelle würde ich dafür sorgen, daß er damit aufhört, bevor es schlimmer wird.«

Warum gutgemeinte Korrekturen mehr schaden als nützen

Benjamins Eltern wäre es lieber, wenn man ihnen nicht sagen würde, was sie tun sollen; dennoch gehen ihre Gedanken in die gleiche Richtung. Sie hoffen, daß sich das Stottern mit dem Älterwerden geben wird. Aber sie kennen Erwachsene, die nicht »herausgewachsen« sind, und sie könnten es nicht ertragen, wenn das Benjamin passieren würde. Sie fangen an, darüber nachzudenken, wie es wäre, wenn Benjamin weiterhin stottern würde. Wird man ihn im Kindergarten damit necken? Behindert ihn das Stottern in der Schule? Wenn er älter ist, wird er dann den Mädchen gegenüber schüchtern sein? Wie steht es mit dem Beruf? Natürlich wird er »herauswachsen«, denken sie, der Arzt hat es ja gesagt. Aber wäre es nicht schrecklich, wenn es nicht so wäre? Benjamins Eltern fragen sich, was sie tun sollen. Das einzige, was ihnen bleibt, so scheint es, ist, Benjamin zu helfen, indem sie ihm sagen, was er tun soll und was nicht. Sie sagen ihm, er soll langsam sprechen, sich Zeit lassen, es noch einmal sagen, sich entspannen, aufhören, so dumm zu sein. Sie werden oft belohnt durch magische Augenblicke, wenn Benjamin die gestotterten Wörter wiederholt, ohne zu stottern. Natürlich nehmen sie an, daß sie auf dem richtigen Weg sind, und ihre »hilfreiche Korrektur« wird zu einem Teil des Familienlebens.

Wie fühlen sich jedoch Kinder bei diesen »hilfreichen Korrekturen«? Stellen Sie sich vor, daß Benjamin zu seiner Mutter läuft und sagt: »M-m-m-mama, m-m-mein Ball ist weg. F-F-F-Felix hat ihn über die M-m-m-mauer geworfen!« Und sie antwortet: »Nimm dir Zeit, Benjamin, sag es noch einmal ganz langsam.« Da steht Benjamin, der unbedingt etwas mitteilen möchte und nur wünscht, daß seine Mutter kommt, um ihm zu helfen und den Ball wieder zu holen. Aber seine Botschaft trifft auf taube Ohren. Er bekommt eine Antwort auf sein Stottern und nicht auf seine Botschaft. Wie frustrierend muß das für ihn sein!

Stellen Sie sich vor, daß das Auto seiner Mutter beschädigt wurde, weil jemand hineingefahren ist. Sie ist verärgert und bestürzt und würde ihre Gefühle gerne jemand mitteilen. Glücklicherweise ist ihr Mann zu Hause. Sie eilt zu ihm hin und sagt: »Liebling, ich bin so wütend; irgend so ein Idiot ist auf mein Auto draufgefahren und hat es ziemlich beschädigt.« Ihr Mann hört zu und sagt dann: »Liebling, ganz ruhig, du sprichst viel zu schnell.« Unglaublich? Frustrierend? Ärgerlich? Ja, natürlich, aber das ist genau das, was Benjamin die meiste Zeit widerfährt. Kein Wunder, daß er lernt, sich beim Sprechen unwohl zu fühlen. Wenn diese Art zu reagieren typisch für ihren Mann wäre, dann könnte man sich vorstellen, daß sie das Gefühl »Warum soll ich's denn überhaupt versuchen?« bekommt und sich mehr und mehr verspannt, weil sie die unerwünschte und unannehmbare Reaktion ihres Mannes voraussahnt. Ihr Kiefer wird sich verkrampfen, und ihre Hände werden sich verwinden bei dem Gedanken daran, was kommen wird – und sie stottert nicht einmal. Stellen Sie sich vor, was es demgegenüber für Benjamin bedeuten muß, wenn die Wörter nicht korrekt herauskommen. Der Zuhörer hat nicht angemessen auf das reagiert, was gesagt wurde. Eine *Verständigung* im eigentlichen Sinne hat es also nicht gegeben.

■ **Präventiv-Therapie Teil I**

Was passiert, wenn man Benjamins Sprache korrigiert?
In der Klinik, in der ich arbeite, mache ich oft die Erfahrung, daß Eltern am Beginn der Therapie nur sehr schwer akzeptieren können, daß jede »Korrektur« aufhören muß. Sie haben das Gefühl, daß ich von ihnen verlange, das einzige aufzugeben, was das Stottern augenblicklich, oder zumindest häufig, beendet. Es dauert oft einige Zeit, bis sie mit dieser neuen Idee zurechtkommen, ich muß jedoch betonen, daß der Nutzen einer »Korrektur« nur von kurzer Dauer ist. Wenn das tatsächlich helfen würde, müßte sich das Stottern generell bessern, aber die Eltern kamen in die Klinik, weil es sich *verstärkt* hat. Das bedeutet, daß wir uns mit dem beschäftigen müssen, was auf längere Zeit von Nutzen ist.

Wenn die Eltern anfangen, Benjamins Stottern zu korrigieren, hat er selbst noch keine Ahnung davon, daß mit seinem Sprechen irgend etwas nicht in Ordnung ist. Selbst wenn er ein besonders empfindsames Kind ist, das seine Stockungen bemerkt hat, hätte er dennoch keinen Grund, sich darum zu kümmern. Aus seiner Sicht ist sein Sprechen in Ordnung, dennoch wird ständig etwas »korrigiert«, was er gemacht hat. Es mag ihm unerklärlich bleiben, was er getan haben soll; da jedoch die »Korrektur« andauert, wird ihm allmählich bewußt, was er macht und was seinen Eltern mißfällt. Aus diesem Grunde versucht er, dies zu vermeiden, und mit seinen Bemühungen verstärkt sich die Spannung. Es entwickelt sich ein Sprechdruck, und die Stottersymptome nehmen in ihrer Häufigkeit und ihrem Schweregrad zu. Je mehr er stottert, um so mehr wird er auch »korrigiert«, und je mehr er »korrigiert« wird, um so mehr stottert er. Durch diesen Teufelskreis wird sich Benjamin seines Stotterns mehr und mehr bewußt, und das Sprechen fängt an, ihn zu bekümmern. Deshalb fordert der kurzfristige Nutzen des »Korrigierens« und der Belohnung durch ein flüssiges Wort den extrem hohen Preis eines – auf lange Sicht gesehen – sich verstärkenden Stotterns und eines hohen Sprechdrucks.

Hören Sie auf, das Stottern zu korrigieren
Nicht nur Benjamins Eltern müssen mit dem »Korrigieren« aufhören – *jeder,* ohne Ausnahme, sollte das tun. Tanten, Onkel,

Therapieschritt 1: Bieten Sie Ihrem Kind Schutz

Großmütter, Großväter, Freunde, Nachbarn und Bekannte sollten darum gebeten werden, sobald sie das Stottern bemerken, und man sollte ihnen – falls nötig – erklären, warum. In der Regel werden sich die Leute, wenn sie die Gründe erfahren, sofort entsprechend verhalten. Falls es sich jemand angewöhnt hat, häufig zu »korrigieren«, muß man ihn vielleicht ein oder zwei Wochen lang daran erinnern. Manchmal versuchen Verwandte, ihr Verhalten zu rechtfertigen, und bestehen darauf, daß es hilft; in diesem Fall muß man ihnen die Gründe erläutern. Sollten sie die Erklärung nicht akzeptieren, genügt es meiner Erfahrung nach, ihnen zu sagen: »Das hat der Sprechtherapeut gesagt, und wir müssen uns daran halten.«

Manchmal bemerken andere *Kinder* das Stottern und fangen an, negativ darauf zu reagieren, obgleich Kinder unter sieben Jahren es überhaupt nicht wahrnehmen. Ältere Kinder »korrigieren« nur selten, sie necken eher oder ahmen nach. Ich würde sie um Mithilfe bitten: »Schau, du weißt, daß Benjamin manchmal Schwierigkeiten hat, seine Wörter herauszubringen. Man hat uns gesagt, daß das aufhört, wenn wir es einfach nicht beachten. Es wäre gut, wenn du aufhören würdest, ihn damit zu necken. Meinst du, das geht? Ich danke dir für deine Hilfe.« Wenn man andere Kinder um Unterstützung bittet, klappt es meist wunderbar. Falls nicht, würde ich eine Zeitlang verhindern, daß Benjamin mit diesen Kindern spielt und möglicherweise die älteren Freunde durch solche ersetzen, die eher in Benjamins Alter sind. Ich würde auf jeden Fall nach einer Möglichkeit suchen, um Benjamin vor den Kindern zu schützen, die nicht aufhören, ihn auf seine Sprache aufmerksam zu machen und ihm so ein negatives Gefühl vermitteln.

Problemfeld »Schule«

Präventiv-Therapie hat für Vorschulkinder den großen Vorteil, daß jede Person in der Umgebung des Kindes kontrolliert werden kann. Man kann jeden daran hindern, das Stottern zu »korrigieren«. Manchmal genügt das bereits. Die »Korrektur« hört auf, und das Stottern vermindert sich nach und nach. Wenn das

Kind in den Kindergarten kommt oder bereits dort ist, kann man auch damit leicht zurechtkommen. Man muß nur die Erzieher bitten, das Stottern nicht zu »korrigieren« oder in anderer Weise darauf zu reagieren und alles zu vermeiden, was das Stottern verstärkt. Wenn das Kind zur Schule geht, ist die Situation eine andere. Worüber ich in diesem Buch spreche, gilt für das Grundschulkind genauso wie für das Kindergartenkind. Der Unterschied liegt jedoch darin, daß die Umgebung nicht mehr so vollständig kontrolliert werden kann. Welche Vorsichtsmaßnahmen auch immer getroffen werden – man kann nicht sicher sein, daß die Lehrer und die Schüler nicht auf das Stottern reagieren werden.

Obgleich beide Eltern die Verantwortung für all das teilen, was in der Präventiv-Therapie gefordert wird, ist es gewöhnlich die Mutter, die zu den Leuten Kontakt aufnimmt, die begründet, warum nicht »korrigiert« werden soll, und sicherstellt, daß man ihrer Bitte nachkommt. Darüber hinaus ist es in der Regel auch die Mutter, die mit Benjamin zu Hause ist und ihr eigenes Verhalten ständig beobachten muß. Das bedeutet harte Arbeit und bedarf ständiger Wachsamkeit.

Wenn der Vater nicht berufstätig oder selbständig ist, kann er sich ebenso intensiv wie die Mutter für Benjamins Sprechen einsetzen; in den meisten Fällen wird er jedoch nicht zu Hause arbeiten und kann nur in den wenigen Stunden am Abend helfen. Väter können auch im allgemeinen ihre Ängste wegschieben. Sie sind realistisch genug, um zu wissen, daß alles Notwendige getan wird und daß es somit keinen Grund zur Sorge gibt. Die Mütter neigen eher dazu, emotional und ängstlich zu reagieren. Sie können ihre Ängste schlechter beiseite schieben, aber diese Ängste lassen nach, wenn sich das Stottern verringert.

Susanne und David

Im folgenden möchte ich zwei Fallbeispiele schildern, die zeigen sollen, wie sich das Stottern gebessert hat, nachdem die Leute aufhörten, darauf zu reagieren.

Therapieschritt 1: Bieten Sie Ihrem Kind Schutz

Die zwei Beispiele von Susanne und David sind etwas außergewöhnlich, weil die Besserung so plötzlich eintrat. Aber sie dienen dazu, zu zeigen, was geschehen *kann*, wenn man Kinder auf ihr Sprechen aufmerksam macht und welche Veränderung eintritt, wenn man es nicht mehr tut.

Fallbeispiel

Susanne

Susanne war fünf Jahre alt und stotterte die meiste Zeit. Sie wiederholte den ersten Laut eines Wortes schnell und mehrere Male. Ich sprach mit ihrer Mutter detailliert über die Notwendigkeit, daß jeder aufhören sollte, auf das Stottern zu reagieren oder davon Notiz zu nehmen. Sie hatten eine große Familie und trafen sich untereinander häufig, so daß Susannes Mutter mehr als zwanzig Verwandten und vielen Freunden von der Therapie berichten mußte. Ich selbst nahm Kontakt zu Susannes Lehrer auf, der tatsächlich nicht auf das Stottern reagierte. Susanne hörte nicht auf zu stottern, und ich war ziemlich überrascht darüber, daß keine Besserung eintrat, weil ich wußte, daß vor Beginn der Behandlung viele Verwandte und Freunde das Stottern »korrigiert« und ihre Bemerkungen darüber gemacht hatten. Eines Tages kam Susannes Mutter in die Klinik und sagte: »Ich habe entdeckt, daß zwei von Susannes Tanten immer noch auf das Stottern reagieren. Sie haben es nicht »korrigiert«, aber sie fanden, es klingt interessant und haben darüber gelacht und Susanne zur Wiederholung aufgefordert. Ich habe ihnen gesagt, daß sie damit aufhören sollten.« Sie haben aufgehört. Eine Woche später berichtete Susannes Mutter, daß das Stottern sich bereits bessern würde. Nach weiteren zwei Wochen stotterte Susanne kaum noch, und vier Wochen danach war kein Stottern mehr zu hören – es hatte aufgehört. Eine Kontrolle nach einigen Monaten ergab, daß das Stottern nicht mehr aufgetreten war.

■ **Präventiv-Therapie Teil I**

> **Fallbeispiel**
>
> ### David
>
> David war knapp fünf Jahre alt. Als er zum ersten Mal in die Klinik kam, stellte ich fest, daß Davids Stottern besonders ernst war für solch ein kleines Kind. Er hatte Blocks im Bereich der Stimmlippen, im Kehlkopf. Sein Sprechen klang sehr verspannt und wie zugeschnürt, und er mußte die Worte aus seinem Hals herauspressen. Seine ältere Schwester, sein älterer Bruder und seine Eltern »korrigierten« ihn. Seine Mutter war derart beunruhigt über sein Stottern und wünschte so verzweifelt, daß er damit aufhören sollte, daß sie ihn nicht nur »korrigierte«, sondern ihm deswegen böse war. Das entsprach zwar nicht ihrem Gefühl, aber sie dachte, wenn sie böse klänge, würde er eher mit dem Stottern aufhören. So erklärte sie ihm beispielsweise, daß es dumm von ihm sei, so zu sprechen. Er bemühte sich sehr, »es nicht zu tun«; ich weiß das, weil er es mir selbst gesagt hat. Seine Mutter liebte ihn sehr und sorgte sich um ihn, und sie hatte alles getan, was ihr hilfreich erschien, aber sie tat – wie so viele andere Eltern – die falschen Dinge. Zwei Wochen später kam sie wieder und sagte: »Es ist ganz erstaunlich; wir hörten alle auf, Davids Sprechen zu beachten, und er hat zehn Tage lang überhaupt nicht gestottert. Am Wochenende ging er zu einem Fest und war ganz aufgeregt. Seitdem stottert er wieder ein wenig.«

Das ist keine Zauberei. Es wird zweifellos Monate oder sogar ein Jahr oder länger dauern, bis David sein Stottern völlig verloren hat, aber ein ausgezeichneter Anfang ist gemacht. Seine Mutter war überrascht und erleichtert und wünschte sich, daß sie von Anfang an gewußt hätte, daß man Stottern nicht »korrigieren« soll. Trotzdem sollten sich Eltern nicht schuldig fühlen, weil sie »korrigieren« – sie tun dies, weil sie es für das einzige halten, das sie tun können, und sie tun ihr Möglichstes, um zu helfen.

Therapieschritt 1: Bieten Sie Ihrem Kind Schutz

Die unauffälligeren Formen der Korrektur

Das Stottern nicht »korrigieren« ist nur ein Teil des gesamten Spektrums des *»Nicht-negativ-auf-das-Stottern-Reagierens«*. Derzeit wird viel über »Körpersprache« geredet, und wir drücken tatsächlich häufig unsere Gefühle und Gedanken durch unsere Körperbewegungen oder Körperhaltungen aus. Ein Kind, das auf einem Bein die Straße entlanghüpft und kichert, braucht nicht zu sagen: »Ich bin glücklich«, wir können das selbst erkennen. Wenn eine Mutter ihr neugeborenes Baby ansieht, wissen wir, daß sie es für das schönste Kind der Welt hält, ohne daß sie auch nur ein Wort sagt. Ein Mann parkt sein Auto, geht zur Parkuhr, steckt seine Hände in die Tasche, schaut umher, und wir wissen, daß er kein Kleingeld für die Parkuhr hat, obgleich er nichts gesagt hat.

Manchmal benutzen wir die Körpersprache absichtlich. Wenn wir zum Beispiel mit unseren Händen eine Muschel um die Ohren formen, bedeutet das »Ich kann dich nicht hören«; wenn wir mit dem Finger winken, heißt das »Komm her«. In den meisten Fällen benutzen wir die Körpersprache allerdings unbewußt, und andere Leute können zum Beispiel feststellen, ob wir angespannt oder entspannt sind, ob wir nervös sind und bis zu einem gewissen Grad auch, wie wir uns fühlen und was wir denken. Wir können auch oft den Gesichtsausdruck deuten. Liebe wird zum Beispiel kaum mit Haß verwechselt, und Freude, Ärger, Entmutigung, Enttäuschung, Furcht und Erwartung lassen sich erkennen.

Was hat unsere Körpersprache damit zu tun, daß wir *nicht negativ auf das Stottern reagieren* sollen? Ich will Ihnen einige Beispiele geben. Manchmal sagen Eltern: »Ich weiß, es ist schrecklich, aber ich ertrage es nicht, im Zimmer zu bleiben, wenn Benjamin stottert. Ich bleibe, solange ich kann, und dann muß ich einfach hinausgehen, ich ertrage es nicht, ihn so zu sehen.« Wenn die Leute das Zimmer auch nicht tatsächlich verlassen, so warten sie doch manchmal auf die erste Gelegenheit, es zu tun, weil Benjamin dasteht und stottert und es Minuten zu dauern scheint, bis er nur einige Worte herausgebracht hat. Wenn die

Zuhörerin* zu höflich ist, um einfach hinauszugehen, steht sie vielleicht im Türrahmen, eine Hand an der Tür, bereit, sofort zu verschwinden, sobald Benjamin gesagt hat, was er versuchte zu sagen.

Eine Mutter sagte zu mir: »Ich reagiere nie auf sein Stottern, ich gehe einfach ans Fenster und schaue hinaus und warte, bis er aufgehört hat zu sprechen.« Das ist ein besonders gutes Beispiel für Körpersprache. In Wahrheit drückt sie nämlich aus: »Ich kann dir beim Sprechen nicht zusehen, deshalb stehe ich geduldig da, mit dem Rücken zu dir und warte, bis du fertig bist.« Es kam ihr nie der Gedanke, daß wir einen Sprecher normalerweise anschauen und ihm nicht den Rücken zukehren. Sie nahm an, daß sie auf das Stottern nicht reagiert hätte.

Benjamin blockiert ziemlich stark; die Worte bleiben ihm buchstäblich im Halse stecken. Seine Mutter ist entsetzt, und er tut ihr so leid. Sie beobachtet Benjamin, wie er kämpft. Beim Zuschauen und Zuhören werden ihre Augen feucht, und sie wischt sie ab. Körpersprache!

Andere Eltern sehen enttäuscht, ängstlich, verärgert aus. Ihr Gesichtsausdruck enthüllt Benjamin, wie sie über ihn denken. Eine subtilere, aber ebensowenig annehmbare Form der Körpersprache ist der Seufzer der Erleichterung, wenn das Sprechen wieder flüssiger wird.

In all diesen Beispielen muß Benjamin langsam, aber sicher feststellen, daß sein Sprechen in seiner Umgebung ungewöhnliche Reaktionen hervorruft; diese Reaktionen machen ihm bewußt, daß sein Sprechen unannehmbar ist. Die Präventiv-Therapie besteht darauf, daß diese Reaktionen weitgehend vermieden werden.

---

* Ich benutze im weiteren »sie« anstatt »er oder sie«, weil gewöhnlich die Mutter die meiste Zeit mit dem Kind verbringt. Was jedoch gesagt wird, könnte sich genauso auf den Vater, einen Verwandten oder männlichen Freund der Familie beziehen.

Wie fühlt sich das stotternde Kind?

Was ist damit gemeint, wenn wir sagen, daß Benjamin sich wegen seiner Sprache elend fühlt? Um das zu wissen, brauchen wir nur darüber nachzudenken, wie *wir* uns fühlen würden. Die meisten von uns kennen die Unruhe vor Sprechsituationen. Vielleicht müssen wir öffentlich reden oder eine Vorlesung halten, und einige von uns reagieren darauf mehr als beunruhigt. Wir machen uns Gedanken darüber, ob wir uns vielleicht zum Narren machen, ob unser Mund im entscheidenden Moment trocken wird, ob wir uns daran erinnern werden, was wir sagen wollten. Wenn ein öffentlicher Redner nervös und unsicher ist, wird er ganz sicher nicht-flüssig reden, und bestimmt macht einer der Zuhörer die Bemerkung: »Er war so nervös, daß er gestottert hat.« Ein Fall von Fehldiagnose! Selbst vor ganz alltäglichen Sprechsituationen wie Partys fühlen sich manche Leute unwohl, weil sie daran denken, daß sie vielleicht mit Leuten reden müssen, die sie nicht kennen, und dann auch noch möglichst brillant. Wenn viel von uns erwartet wird, sind wir ebenso besorgt um unser Sprechen wie Benjamin. Wir alle brauchen die Freude am Sprechen und wollen entspannt dabei sein – darin

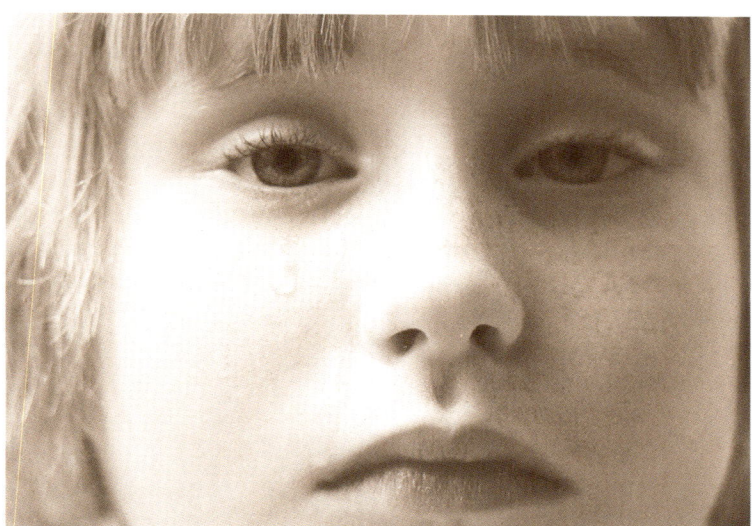

Präventiv-Therapie Teil I

liegt das ganze Geheimnis für unser Selbstvertrauen. Und wenn Benjamin etwas braucht, dann ist es eben auch das Selbstvertrauen beim Sprechen.

Wir müssen die Kinder davor bewahren, daß sie sich beim Sprechen elend fühlen, aber es muß auch erwähnt werden, daß sie ihr Stottern unterschiedlich wahrnehmen. Manche scheinen es gar nicht zu bemerken, und es ist wichtig, daran möglichst nichts zu ändern; andere wiederum sind sich ihres Stotterns derart bewußt, daß sie möglicherweise aufhören zu sprechen und sagen: »Mach dir nichts draus, das ist nicht schlimm« oder »Ich kann es nicht sagen«, wenn sie nicht verstanden werden oder wenn sie ein Wort nicht herausbringen.

Wenn Benjamins Stottern nicht beachtet wird

Manchmal wird Eltern geraten, »das Stottern nicht zu beachten«. Das ist ein guter Rat, solange er hilft, aber er hilft nicht gut genug. Seine Bedeutung liegt darin, »so zu tun, als ob es das Stottern nicht gäbe«. Obgleich das oft die angemessene Reaktion sein kann, ist sie nicht umfassend genug, und der Rat ist negativ. Die positive Alternative wäre, das Stottern *anzunehmen*; wir haben keine andere Wahl, wenn wir nicht weiterkämpfen und uns damit quälen wollen. Wenn die Eltern Benjamins Stottern einmal akzeptiert haben, muß man es beobachten, um Wege zu finden, die helfen; danach sollte man sich zur Hilfe *frei* fühlen. Wenn ein Kind aufhört zu sprechen, weil es sich unfähig fühlt, weiterzusprechen, so ist es ermutigender, beispielsweise zu sagen: »Das macht nichts, du kannst es mir später erzählen« oder »Soll ich das Wort für dich sagen?« oder »Einige Wörter *sind* schwierig auszusprechen«, als so zu tun, als ob das Stottern nicht vorhanden wäre oder »es zu ignorieren«.

Wenn Eltern diesen Hilferuf ignorieren, müssen sie so etwas Lächerliches sagen wie: »Es ist alles in Ordnung, da ist nichts verkehrt.« In diesem Fall muß sich das Kind natürlich seines Stotterns bewußt sein. Es wäre unklug, einem Kind »weiterzuhelfen«, das nicht weiß, daß es stottert. »Weiterhelfen« sollte man nur in Ausnahmefällen, und zwar dann, wenn das Kind verzweifelt ist und wenn es von dieser Reaktion Erleichterung erfährt.

Wenn wir lernen können, das Stottern wie *normales Sprechen* zu behandeln – und je mehr wir es als normal behandeln, um so normaler wird es auch –, leisten wir eine große Hilfe, weil das Kind von seinem Sprechdruck befreit wird, wenn es das Gefühl hat, daß seine Eltern sein Sprechen annehmen. Wird das Stottern als *unnormal* behandelt, dann beschwören wir Schwierigkeiten herauf.

Was verschlimmert und was verbessert das Stottern?

Wir kennen mittlerweile einige Verhaltensweisen, die *das Stottern verstärken*, und solche, die *das Stottern vermindern*. Aber es ist für Benjamins Eltern auch wichtig, so weit wie möglich herauszufinden, was sonst noch zu einer Verschlechterung oder Verbesserung beiträgt. Die meisten Menschen, die stottern, haben »gute Phasen« und »schlechte Phasen«; diese können Stunden oder einige Wochen oder sogar Monate andauern und entbehren oft jeder Logik. Es scheint keinen bestimmten Grund dafür zu geben. Dennoch sind gewöhnlich andere Faktoren am Werk, die wir identifizieren können und die sehr hilfreich sind, weil sie uns einen Anhaltspunkt dafür geben, welche Situationen wir suchen und verstärken und welche wir vermeiden sollen. Es kann hilfreich sein, eine eigene Liste aufzustellen, die dann – täglich gelesen – als Gedächtnisstütze dienen kann. Wenn beide Eltern die Situationen aufschreiben, die sie erkennen, können sie darüber reden, welche Handlungen sie daraus ableiten wollen.

In einer Familie müssen wir aufeinander Rücksicht nehmen, und Benjamin kann oder sollte nicht immer seinen Willen bekommen. Aber wir können uns bemühen, ihm manches zu erleichtern, sofern es sein Sprechen betrifft. Man sollte ihm in manchen Fällen entgegenkommen, hinsichtlich der Folgerungen in der auf Seite 40 aufgeführten Liste.

■ Präventiv-Therapie Teil I

Benjamin stottert mehr,

- wenn er müde ist.
- wenn er aufgeregt ist.
- wenn er ein bestimmtes Fernsehprogramm nicht sehen darf.
- wenn er geschimpft wird.
- wenn er mit anderen Kindern draußen spielt.
- wenn Tante Maria kommt.

Benjamin stottert weniger,

- wenn er alleine mit seinen Autos spielt.
- wenn er mit (seinem Bruder) Hans spielt.
- an Samstagen.
- wenn er seine Gute-Nacht-Geschichte vorgelesen bekommt.

Man kann sich nun vorstellen, daß sich Benjamins Eltern zusammensetzen, nachdem sie eine persönliche Situationsanalyse vorgenommen haben, und darüber diskutieren, ob man damit etwas anfangen kann, und wenn ja, was zu tun sei. Die Ideen könnten folgendermaßen aussehen:

Das Stottern verstärkt sich, wenn Benjamin müde ist.

Vorgehen:

- Wir versuchen vor allem, lange Abende zu vermeiden.
- Wir vermeiden Aufregungen vor dem Schlafengehen, weil er dann meistens schlecht einschläft.
- Wir versuchen, ihm nach dem Kindergarten eine Ruhepause zu ermöglichen, *bevor* wir einkaufen gehen oder zum Spielplatz o.ä.
- Wenn er vom Rennen müde ist, sollten wir Benjamins Freude nicht bremsen, aber wir können versuchen, nicht mit ihm zu sprechen, solange er noch außer Atem ist.

Therapieschritt 1: Bieten Sie Ihrem Kind Schutz

Das Stottern verstärkt sich, wenn er aufgeregt ist.

Vorgehen:

- Wir sollten versuchen, uns selbst nicht aufzuregen, dann wird sich auch Benjamins Aufregung legen.
- Wir sollten Aufregungen aufgrund bestimmter Ereignisse eher herunterspielen als fördern, wie z.B. vor Ausflügen, Geburtstagen oder Festen. Über die Geschenke zu Weihnachten sollten wir eine Woche oder zwei vorher reden und nicht schon sechs Wochen vorher.

Das Stottern verstärkt sich, wenn er ein bestimmtes Fernsehprogramm nicht sehen darf.

Vorgehen:

- Oft gibt es Auseinandersetzungen mit dem Bruder, weil dieser ein anderes Programm sehen möchte. Wir sollten den Kindern klar machen, daß sie gerecht sein müssen und daß jeder seine Lieblingssendung an einem anderen Tag sehen kann.

Das Stottern verstärkt sich, wenn er geschimpft wird.

Vorgehen:

- Wir sollten ihn weniger schimpfen und eher versuchen, auf sein Verhalten ruhig und sachlich einzugehen. Dadurch könnten wir auch vermeiden, daß er sich aufgeregt verteidigen muß, wodurch sich sein Stottern verstärken würde.

Das Stottern verstärkt sich, wenn er mit anderen Kindern draußen spielt.

Vorgehen:

- Wenn Benjamin mit anderen Kindern draußen spielen möchte, könnten wir das Stottern verringern, indem wir ihn nicht gehen lassen. Falls ihm nicht zuviel daran liegt, könnten wir versuchen, ihn davon abzubringen, indem wir ihm statt dessen etwas anderes vorschlagen. Wir brauchen ihn deswegen nicht von anderen fernzuhalten, sondern könnten versuchen, ein oder zwei Kinder zum Spielen einzuladen.

Das Stottern verstärkt sich, wenn Tante Maria kommt.

Vorgehen:

- Wir wundern uns, warum Benjamin immer stottert, wenn Tante Maria kommt. Beim nächsten Besuch werde ich die ganze Zeit mit den beiden zusammensein oder ihnen zuhören und versuchen, herauszufinden, woran es liegen könnte. (Ein kleiner Junge wurde von seiner »Tante Maria« ständig geneckt, und sie ließ ihn immer fragen, ob sie ihm etwas mitgebracht habe; er begann das Gespräch mit der Frage: »Ha-ha-ha-ha-ha-hast du mir ein Geschenk mitgebracht?«)

Das Stottern verringert sich, wenn er alleine mit seinen Autos spielt.

Vorgehen:

- Er sitzt auf dem Boden, in seiner eigenen Welt und redet mit sich selbst. Er ahmt Autogeräusche nach und ähnliches, wobei er völlig flüssig spricht, ohne Anzeichen eines Stotterns. Können wir dafür sorgen, daß solche Situationen öfter auftreten, damit er häufiger flüssig spricht? Wir könnten sicherstellen, daß er beim Spielen nicht unterbrochen wird, und wir könnten ihm eine Garage kaufen, damit er mehr Zeit mit seinen Autos verbringt.

Das Stottern verringert sich, wenn er nur mit Hans spielt.

Vorgehen:

- Manchmal unterbrechen wir Benjamin und Hans, wenn sie zusammen spielen. Das sollten wir vermeiden. Wir sollten ihnen bei Gelegenheit ein Spiel kaufen, das für zwei Spieler gedacht ist, um sie zu ermutigen, häufiger miteinander zu spielen.

Das Stottern verringert sich an Samstagen.

Vorgehen:

- Was ist das Besondere an Samstagen? Gewöhnlich schläft Benjamin länger. Dann verbringt er die meiste Zeit mit seinem Vater, »hilft« ihm im Garten, beim Autowaschen und gewöhnlich bei Reparaturen im Haushalt. Der Samstag kann so bleiben, wie er ist.

Das Stottern verringert sich, wenn er seine Gute-Nacht-Geschichte vorgelesen bekommt.

Vorgehen:

- Bei dieser Gelegenheit plaudert er einfach drauflos, redet über die Geschichten und stottert dabei sehr wenig. Wir könnten ihm dafür leicht mehr Zeit geben.

So gehen Sie richtig vor

Manche dieser Vorschläge passen möglicherweise nicht für Ihre häusliche Situation, aber sie helfen Ihnen vielleicht dabei, zu erkennen, wie Sie positiv handeln können. Gehen Sie Ihre eigene Liste dementsprechend durch, und entscheiden Sie dann, was Sie selbst tun können. Sie müssen herausfinden, was Ihrer speziellen Situation entspricht, und sich dabei von Ihren Zielen leiten lassen. Aber erwarten Sie nicht zu schnelle Ergebnisse. Wir suchen nach Wegen, um das Stottern zu verringern, aber es gibt keine Möglichkeit, es in kurzer Zeit zu *beenden*. Alles, was zu einer Verminderung führt, bedeutet Bewegung und ist es wert, daran zu arbeiten. Aber man sollte Ideen in einer entspannten und großzügigen Weise umsetzen, ohne den ganzen Haushalt durcheinanderzubringen und ohne sich selbst übermäßig oder gar völlig zu erschöpfen.

Die Zunahme oder Verringerung des Stotterns hängt bis zu einem gewissen Grad auch vom *Tempo* ab, in dem das Kind spricht. Bevor die Eltern informiert werden, »korrigieren« fast alle das Tempo. Selbst danach ist die Versuchung noch groß, Benjamin

Präventiv-Therapie Teil I

zu langsamerem Sprechen anzuhalten. Sie sagen: »Ich bin sicher, daß er ganz gut sprechen würde, wenn er *nur* langsamer sprechen würde.« Es ist aber unmöglich, ihn zu bitten, langsamer zu sprechen, ohne ihn darauf aufmerksam zu machen, daß man mit seinem Sprechen nicht zufrieden ist. Wenn Sie versuchen, das Tempo Ihres eigenen Sprechens zu verändern, werden Sie feststellen, wie schwierig das ist. Versuchen Sie einmal, Ihr normales Sprechtempo um ein Drittel zu verringern, und stellen Sie fest, wie lange Sie das durchhalten! Fünf Minuten? Zehn Minuten? Eine halbe Stunde? Eine Woche? Ein Jahr? Die meisten Leute finden es gänzlich unmöglich, und dennoch erwarten manche genau das von Benjamin – und er ist erst vier Jahre alt! Dennoch, falls Sie selbst sehr schnell sprechen, sollten Sie sich auf Ihr Tempo konzentrieren und versuchen, langsamer zu sprechen. Es ist unrealistisch zu hoffen, daß Benjamin langsamer spricht, wenn er mit einem Schnellsprecher zusammenlebt.

Es ist sicher, daß sich das Stottern verstärkt, wenn das Sprechtempo zunimmt. *Eine Zunahme des Tempos tritt gewöhnlich auf, wenn das Kind aufgeregt ist.* Gibt es also etwas, das Benjamins Sprechen verlangsamt, ohne daß man ihn dazu auffordert? Die Antwort heißt ja, aber es ist ein eingeschränktes Ja. Man darf hoffen, daß sich dadurch etwas verbessert, aber man darf nicht erwarten, daß Benjamin so langsam spricht, wie man es sich wünscht. Ich möchte Ihnen hier noch einige weitere Strategien nennen, die zum Erfolg führen können:

- Versuchen, die Aufregung beim Kind zu verringern.
- Ruhig bleiben und vermeiden, sich selbst aufzuregen.
- Die Stimme nicht erheben.
- Das eigene Sprechtempo verringern – das ist nicht schwer für eine kurze Zeit und dient Benjamin als gutes Vorbild.
- Nicht zur Eile antreiben: Es ist zwecklos, Benjamins Sprechtempo verringern zu wollen und gleichzeitig zu sagen: »Beeil dich und mach dich fertig fürs Bett« oder »Wenn wir uns beeilen, bleibt uns noch Zeit für ein weiteres Spiel.« Es ist ganz wichtig, daß man ihn zu keiner Zeit drängt, schneller zu sprechen – das kommt häufig vor, wenn die Eltern ungeduldig

sind. Er muß immer das Gefühl haben, daß er viel Zeit zum Sprechen hat, ob er nun flüssig spricht oder stottert.

Wenn Benjamin bei allem, was er macht, schnell und sehr aktiv ist, nicht nur beim Sprechen, können Sie versuchen, viele seiner Aktivitäten zu verlangsamen, ohne das Sprechen hervorzuheben, und Sie können das mit Hilfe eines Belohnungssystems machen. Ich will Ihnen dafür ein Beispiel geben.

Fallbeispiel

Sabrina

Sabrina ist sechs Jahre alt und stotterte ziemlich heftig – inzwischen ist es fast vorbei. Ihre Eltern berichteten, daß sie alles, was sie machte, schnell machte – sie sprach schnell, aß schnell, saß nie ruhig auf einem Stuhl, sondern verdrehte entweder ihre Beine, ihren Körper, ihre Arme oder Hände. Wenn sie stand, stand sie auf einem Bein und schwang das andere vor und zurück. Sie *rannte* zum Kindergarten hin, und sie *rannte* vom Kintergarten *zurück*. Sie war nie ruhig – selbst im Schlaf bewegte sie sich sehr viel. Beide Eltern kamen in die Klinik, um über die Präventiv-Therapie zu reden. Sie hatten bereits dafür gesorgt, daß Tartrazin aus Sabrinas Speiseplan entfernt wurde (der Farbstoff E 102 wird als mögliche Ursache für die Hyperaktivität bei Kindern angesehen).

Wir stimmten darin überein, daß sie möglicherweise etwas langsamer sprechen würde, wenn man ihre anderen Aktivitäten verlangsamen könnte. Wir fertigten aus Pappe ein großes Bild von einem Clown und schickten es mit der Post an Sabrina, zusammen mit vielen Pappscheiben, die den Wert von 5 oder 10 Pfennigen hatten. Sie konnte den Clown anmalen, und die Pappscheiben konnte man befestigen – 5-Pfennig-Scheiben als Knöpfe und 10-Pfennig-Scheiben als Pompons. Sabrinas Mutter machte eine Liste von den Aktivitäten, die verlangsamt werden sollten, und sie erklärte Sabrina, daß sie eine 10-Pfennig-Scheibe für die Lösung einer schwierigen Aufgabe bekommen würde und eine 5-Pfennig-Scheibe für die Lösung einer einfacheren Aufgabe. Am Ende der Woche wollten sie zusammenzählen, wieviel Geld der Clown gesammelt hatte, und Sabrina sollte den gleichen Betrag bekommen. Ich fürchte, das wurde ziemlich teuer! Sobald Sabrina in der Lage sein würde, eine bestimmte Aufgabe dauerhaft zu lösen, sollte sie dafür keine Scheiben mehr bekommen. Statt dessen sollte eine neue Aufgabe auf die Liste gesetzt werden. Nach ein paar Wochen *ging* Sabrina auf ihrem Weg zum Kindergarten, sie sah nicht einmal danach aus, als wollte sie rennen, und *Gehen* war nun für sie etwas ganz Natürliches geworden. Es gab noch viele ähnliche Erfolge, so daß ihre anderen »schnellen« Aktivitäten jetzt unter Kontrolle waren. Mit der allgemeinen Verlangsamung trat auch eine beträchtliche Verlangsamung des Sprechens ein – kein gewaltiger Unterschied, aber genug, um von ihren Eltern bemerkt zu werden.

Mütter machen sich eine Unmenge Sorgen und Gedanken darüber, wie sie ihrem Benjamin helfen könnten. Eine Mutter, die ich kannte, war besorgt, weil ihr vier Jahre alter Sohn mit einer großen Gruppe von Kindern einen Ausflug zum Strand machen sollte. Sie wußte, daß er sich deswegen aufregen würde, daß sich sein Sprechtempo erhöhen und daß er stottern würde. Je größer die Gruppe, um so mehr würde er sich aufregen. Deshalb beschloß sie, ihn nicht auf den Ausflug mitgehen zu lassen. Statt dessen lud sie ihre Schwester und deren kleinen Sohn ein, mit ihnen einen Ausflug an den Strand zu machen – nur zu viert.

Das Gefühl von Geborgenheit
Ich nehme an, daß Sie jetzt erkennen, wie wichtig es ist, Ihr Kind davor zu schützen, daß ganz allgemein Druck auf sein Sprechen ausgeübt und damit Spannung hervorgerufen wird. Für die Eltern sind diese Gedanken ganz neu, und sie wollen immer wieder dieselben Punkte durchsprechen, bis sich ihre Denkweise

ändert und die Vorschläge zu einer Haltung werden. Es kann deshalb hilfreich sein, diese Kapitel zwei- oder dreimal zu lesen. Wenn wir unsere Einstellungen ändern wollen, brauchen wir Zeit, und es sollte sich niemand Sorgen machen, wenn er länger braucht, um sein Ziel zu erreichen, oder wenn auf dem Weg dahin Fehler auftreten.

> **Die wichtigsten Wege zum Ziel**
> - Bieten Sie Ihrem Kind Schutz und Geborgenheit – wie unter einem Schirm.
> - Lernen Sie, das Stottern nicht mehr zu »korrigieren«, und stellen Sie sicher, daß auch niemand anderes es »korrigiert«.
> - Vermeiden Sie, Furcht vor dem Stottern und dessen Mißbilligung durch Körpersprache auszudrücken.
> - Machen Sie sich Notizen über Dinge, die das Stottern mehren oder mindern, um Orientierungspunkte zu haben.
> - Vergessen Sie nicht, daß *indirekte* Arbeit am Sprechtempo sehr nützlich sein kann.

Wenn Sie diese Vorschläge verinnerlichen, können Sie zweifellos mit einer Verbesserung des Stotterns rechnen. Manchmal genügen diese positiven Schritte bereits, aber gewöhnlich besteht darüber hinaus die Notwendigkeit, *spezielle* Drucksituationen zu vermeiden; diese werden in den nächsten Kapiteln besprochen. Sie sollten an der »Schirm«-Therapie am besten solange arbeiten, bis Sie das Gefühl haben, daß Sie gut damit zurechtkommen – ohne perfekt sein zu müssen –, bevor Sie weitermachen. Es dauert oft zwei bis drei Wochen, um die jeweiligen Veränderungen zu erreichen.

■ Präventiv-Therapie Teil I

Therapieschritt 2: Weniger Fragen stellen

Warum viele Fragen Schaden anrichten

Jedesmal, wenn wir Benjamin eine Frage stellen, muß er antworten; deshalb bedeutet *Fragen stellen* Druck auf sein Sprechen. Benjamin hat eigentlich keine Wahl, weil wir von ihm erwarten, daß er auf unsere Fragen antwortet. Wir möchten, daß er spricht und daß er das Sprechen genießt, aber wir sollten ihn nicht dazu *zwingen*. Es gibt überhaupt keinen Zweifel darüber, daß Fragen das Stottern vermehren und daß sie deshalb weitgehend reduziert werden sollten. Ich will keineswegs vorschlagen, Fragen gänzlich zu vermeiden – das wäre unnatürlich. Wenn Benjamin hinfällt, fragen Sie: »Hast du dir wehgetan?« Wenn er weint, fragen Sie: »Was ist passiert?« Es ist natürlich, daß wir Fragen stellen, aber wir sollten auf unnötiges Fragen verzichten; das gilt insbesondere für die Eltern, weil sie gewöhnlich die meisten Fragen stellen.

Wir wollen allerdings den Umfang der Unterhaltung, an den Sie und Benjamin gewöhnt sind, nicht kürzen. Deshalb ist es not-

wendig, daß wir lernen, Fragen durch andere Formen der Unterhaltung zu ersetzen. Wenn Benjamin in die Klinik kommt, sage ich nie: »Hallo, Benjamin, wie geht es dir?«, sondern zum Beispiel: »Hallo, Benjamin, ich freue mich, daß du gekommen bist.« Ich sage nicht: »Möchtest du mit diesen Sachen spielen?«, ich sage: »Ich habe einige Spielsachen auf den Tisch gelegt, vielleicht möchtest du damit spielen.« Ich frage nicht: »Möchtest du auf diesem kleinen Stuhl sitzen?«, ich sage: »Hier ist ein kleiner Stuhl, genau richtig für dich« usw. Ich sage *genausoviel,* wie wenn ich Fragen stellen würde, aber ich frage überhaupt *nicht,* und ich zwinge ihn auch nicht im geringsten zu sprechen. Benjamin kann sprechen, wenn er das Bedürfnis danach hat, aber es ist wichtig, daß er auch still sein kann, wenn er das möchte.

Fragen, nichts als Fragen ...

- Warum bist du noch nicht fertig für den Kindergarten?
- Warum bist du noch nicht angezogen?
- Wo sind deine Schuhe?
- Warum hast du zwei verschiedene Socken an?
- Warum hast du das gemacht?
- Beeil dich! Beeil dich!
- Hast du deinen Apfel eingepackt?
- Warum bist du noch nicht mit dem Frühstück fertig?
- Warum tust du nicht, was ich dir sage?

Und wenn Benjamin aus dem Kindergarten kommt ...

- War es schön im Kindergarten?
- Hast du dein Pausenbrot gegessen?
- Was hast du heute gemacht?
- War Markus auch im Kindergarten?
- Solltest du etwas mit nach Hause nehmen?
- Magst du noch mit zum Einkaufen gehen?
- Magst du ein paar Süßigkeiten?

■ Präventiv-Therapie Teil I

Wenn ich Eltern, die zu mir kommen, diesen Aspekt der Präventiv-Therapie erkläre, versuche ich das anhand von Beispielen zu tun. Ich weise darauf hin, daß die genannten Fragen vielleicht etwas übertrieben wirken, daß Mütter sie aber durchaus stellen könnten, wenn es Zeit ist, in den Kindergarten zu gehen.

Die Eltern verstehen diese Botschaft sehr gut! Gewöhnlich lächeln sie und sagen: »Das bin ich, genau so verhalte ich mich! Ich habe es nie bemerkt. Darüber habe ich nie nachgedacht.«

Diese Aussagen helfen Benjamin

- Wir gehen gleich in den Kindergarten, du solltest dich fertig machen.
- Du bist noch nicht fertig angezogen.
- Ich weiß nicht, wo du deine Schuhe hingetan hast.
- Benjamin! Du hast zwei verschiedene Socken an!
- Ich weiß nicht, warum du das gemacht hast!
- Wir müssen uns beeilen, sonst kommen wir zu spät.
- Ich habe deinen Apfel auf den Eßtisch gelegt.
- Du bist noch nicht mit deinem Frühstück fertig.
- Ich wünschte, du würdest tun, was ich dir sage.

Nach dem Kindergarten:

- Ich hatte einen schönen Vormittag, ich hoffe, du auch.
- Ich nehme an, du hast dein Pausenbrot aufgegessen nach deinem kurzen Frühstück.
- Du hast heute bestimmt wieder gemalt.
- Ich habe Markus heute nicht gesehen; ich hoffe, es geht ihm wieder besser.
- Ich sehe, daß du eine Nachricht für mich hast.
- Ich muß noch eine Kleinigkeit einkaufen, bevor wir nach Hause gehen.
- Du kannst ein paar Süßigkeiten haben, wenn du möchtest.

Therapieschritt 2: Weniger Fragen stellen

Den Eltern ist diese riesige Zahl von Fragen nicht bewußt, die sie im Laufe eines Tages stellen; da kommen leicht hundert oder mehr zusammen. Wir wollen nun sehen, was eine Mutter zu ihrem Kind vor und nach dem Kindergarten anstelle des oben Genannten sagen könnte, *ohne* Fragen zu stellen.

Lassen Sie Ihr Kind von sich aus erzählen

Benjamin wäre bestimmt froh, wenn er vor oder nach dem Kindergarten weniger zu hören bekommen würde – auch wenn es sich nicht um Fragen handelt. Die vorgeschlagenen Alternativen zu den Fragen sind damit auch gemeint, weil Mütter sagen, daß sie vor und nach dem Kindergarten viele Fragen stellen und wissen möchten, was sie statt dessen sagen sollen. Sie möchten gerne ihr Interesse an dem zeigen, was ihre Kinder gemacht haben, und es fällt ihnen schwer, nicht mehr zu sagen: »Hast du einen schönen Tag gehabt?« Wenn Sie das wirklich sagen möchten, sollten Sie es tun. Sie sollen nicht aufhören, Ihr Interesse zu zeigen oder Fragen zu stellen, sondern nur die Menge der Fragen verringern. Es passiert allerdings häufig, daß Benjamin auf die Frage »Hast du einen schönen Tag gehabt?« nur antwortet: »Es war ganz schön« oder »Ja« und keine weitere Information gibt. Man hat oft den Eindruck, daß er lieber von sich aus erzählen möchte, als dazu aufgefordert zu werden. Vermutlich denkt er eher darüber nach, was er als nächstes tun möchte, als über das, was er bereits gemacht hat.

Eine Mutter sagte kürzlich zu mir: »Seitdem ich aufgehört habe, Andreas eine Menge Fragen zu stellen, redet er viel mehr und erzählt mir alle möglichen Dinge über den Kindergarten, die er mir vorher nie erzählt hat. Je weniger ich frage, um so mehr scheint er zu reden. Mehr noch, ich habe auch aufgehört, seinem älteren Bruder Fragen zu stellen. Er hat keine Probleme beim Sprechen, aber er antwortet gewöhnlich nur mit einem Wort oder einem Achselzucken. Seitdem ich ihm keine Fragen mehr stelle, erzählt er mir eine ganze Menge. Der Unterschied ist wirklich interessant – er redet jetzt so viel mehr.«

Dieses Beispiel veranschaulicht, wie Eltern im Verlaufe der Präventiv-Therapie immer mehr Einsicht erlangen und wie sie fortschreitend lernen, was hilft und was hinderlich ist. Manchmal erzählen sie mir amüsante Geschichten darüber, was ihnen alles eingefallen ist, um Fragen zu vermeiden. Eine Mutter fragte Benjamin immer, wenn er von der Kindertagesstätte zurückkam, was es zu essen gegeben habe. Sie wollte nicht darauf verzichten, ihr übliches Interesse zu zeigen, aber es fiel ihr nichts ein, wie sie etwas über das Essen erfahren könnte, ohne ihm eine Frage zu stellen. Schließlich ging sie zur Essenszeit zur Kindertagesstätte, ging nach hinten, wo die Küche lag, und guckte durch das Fenster, um zu sehen, was die Kinder zu essen bekommen würden. Danach konnte sie zu Benjamin sagen: »Ich wette, es gab Kartoffelbrei und Gemüse zum Essen.« Ich kann mich nicht genug über den Einfallsreichtum der Mütter wundern!

Bauen Sie einen neuen Gesprächsstil auf

Bevor Sie genügend Einblick gewonnen haben und bevor die Therapie sich auf das Stottern auswirkt, müssen Sie schwere Arbeit leisten, um zu lernen, wie man Fragen reduziert und ersetzt. Und Sie müssen natürlich Ihre Konzentration stets wachhalten, während Sie die Therapie in die Praxis umsetzen. Es handelt sich zweifellos um harte Arbeit für ungefähr drei oder vier Wochen. Zunächst weiß man nicht, was man anstelle einer Frage sagen soll. Dann ertappt man sich dabei, daß man Fragen stellt, und ärgert sich darüber. Und dann gelingt es allmählich, immer weniger Fragen zu stellen. Oft erwartet man eine unmittelbare Veränderung des Stotterns, was aber in den seltensten Fällen geschieht. Man sorgt sich auch darüber, daß andere Leute Fragen stellen. Eine Mutter erzählte mir, daß sie gerade aus dem Urlaub zurückgekommen waren, als sie mit ihrem kleinen Jungen zum Kindergarten ging, um ihn für den nächsten Tag zurückzumelden. Die Erzieherin zeigte großes Interesse daran, was Benjamin in den Ferien gemacht hatte. Die Mutter stand vor Schreck wie angewurzelt da, als die Erzieherin ihn fragte: »Wo warst du denn? Warst du im Ausland? Bist du mit dem Flugzeug geflogen? Hat es dir gefallen? War es sehr heiß? Bist du am Meer gewesen?«

Therapieschritt 2: Weniger Fragen stellen

Da sie nicht wußte, was sie machen sollte, nahm die Mutter Benjamin an der Hand, um ihn so schnell wie möglich wegzubringen, und sagte zur Erzieherin: »Wir müssen jetzt gehen; ich muß vorsichtig sein mit dem, was ich zu ihm sage, denn die Sprachtherapeutin hat mich angewiesen, keine Fragen zu stellen!«

Die Fragen zu reduzieren und einen Ersatz dafür zu finden, halten alle Eltern für den schwierigsten Teil der Präventiv-Therapie. Es fällt schwer, immer daran zu denken, und manchmal weiß man nicht, was man sagen soll. In diesem Fall sollten Sie sich keine Gedanken machen – stellen Sie einfach eine Frage. Sie werden jedoch mit zunehmender Erfahrung in den meisten Fällen wissen, wie Sie etwas sagen können, ohne eine Frage zu stellen. Anstatt zu fragen: »Was möchtest du essen?«, kann man leicht sagen: »Wir werden Pommes frites und Würstchen essen. Ich glaube, das magst du.« – »Hast du deine Hände gewaschen?« wird zu »Komm bitte nicht mit ungewaschenen Händen zum Essen« oder »Laß mich mal sehen, ob deine Hände gewaschen sind« – »Hast du deine Spielsachen aufgeräumt?« kann ersetzt werden durch »Du mußt jetzt deine Spielsachen aufräumen« – »Weißt du, wo du es hingetan hast?« wird zu »Wir werden versuchen, es zu finden« usw.

Eine Frage, auf die eine längere Antwort folgen würde, ist manchmal schwer durch eine Nicht-Frage zu ersetzen. Aber man kann zum Beispiel anstatt »Erzähle mir von dem Fest, was hast du die ganze Zeit gemacht?« so etwas Ähnliches sagen wie »Ich würde gerne wissen, wie das Fest war; vielleicht erzählst du mir nachher auf dem Nachhauseweg davon«. Auf diese Weise lassen Sie Benjamin Freiheit und setzen ihn nicht unter Druck. Auch geschlossene Fragen, die nur mit »ja« oder »nein« beantwortet werden, rufen selten Stottern hervor.

Wenn Benjamin das Gesprächsthema selbst gewählt hat und Sie dazu eine Frage stellen möchten, ist das ebenfalls unproblematisch. Zum Beispiel führt »Mama, weißt du, was ich heute gerne machen möchte?« zu der Gegenfrage »Nein, was möchtest du denn machen?«. Fragen zu einem Thema, das andere gewählt haben, rufen viel eher Stottern hervor.

Jede Frage, die eine Erklärung verlangt, sollte möglichst vermieden werden, weil sich die Unsicherheit im Sprechen ausdrücken wird.

Fragen, die in irgendeiner Weise beunruhigen und deshalb Spannung hervorrufen, stellen eine Einladung zum Stottern dar. »Warum hast du *das* gemacht?« beinhaltet, daß Sie verärgert sind, und bringt ihn in eine Lage, in der er nach einer Begründung oder Entschuldigung suchen muß.

Noch verheerender ist eine Frage, die ihn einer Missetat beschuldigt: »Du hast das gemacht, nicht wahr? Du hast den Teller zerbrochen. Sag mir die Wahrheit, bist du es gewesen?« Sie sollten es vorziehen, Benjamin zu sagen, daß sie verärgert sind und warum das so ist, und es dabei belassen, ohne ihn zu einer Erklärung zu zwingen.

Das würde ihm vieles erleichtern in einer Zeit, in der das Sprechen für ihn so einfach wie möglich sein sollte. Sie können mit vielen stotterfreien Jahren rechnen, in denen man von ihm verlangen kann, daß er seine Missetaten erklärt.

Nach kurzer Zeit – innerhalb weniger Wochen bereits – werden Sie feststellen, daß sich alles zu ordnen beginnt. Wenn Sie es einmal gelernt haben, wird es ganz natürlich für Sie sein, nur wenige Fragen zu stellen, und Sie werden feststellen, daß Sie sich kaum noch konzentrieren müssen. Fragen in Form von Nicht-Fragen werden mehr und mehr zu einer Gewohnheit.

Wenn andere Fragen stellen

Wenn Menschen, die nicht im gleichen Haushalt leben wie Benjamin, Fragen an ihn richten, müssen die Eltern entscheiden, was in der jeweiligen Situation am besten getan wird. Es ist selbstverständlich, daß man einen Verkäufer nicht davon abhalten kann, zu fragen: »Welche Süßigkeiten möchtest du haben?« Man kann auch niemanden auf der Straße daran hindern zu fragen: »Wie geht es dir heute, Benjamin?« Aber Sie können Freunde oder Verwandte, die regelmäßig mit Benjamin reden, erzählen, daß Sie selbst damit aufhören, so viele Fragen zu stellen, weil diese das Stottern verschlimmern. Sie können ihnen sagen, daß sie dankbar dafür wären, wenn sie dasselbe tun würden. Anhand von Beispielen läßt sich dann erklären, was man statt dessen sagen soll. Man kann auch von kleinen Kindern in der Familie nicht erwarten, daß sie weniger Fragen stellen, aber größeren Kindern ist es sicher möglich. Wenn Benjamin schon in den Kindergarten oder in die Schule geht, dann sollten Sie auch mit seinen Erziehern oder Lehrern reden und ihnen erklären, was Sie selbst zu tun versuchen und daß Sie froh wären, wenn man Sie dabei unterstützen würde. Die Erzieher oder Lehrer sollten Fragen vermeiden, die direkt an Benjamin gerichtet sind. Indirekte Fragen wie: »Wer weiß darauf eine Antwort?«, die an die ganze Gruppe gerichtet sind, stellen kein Problem dar, weil eine Antwort freiwillig ist.

Weniger Druck durch weniger Fragen

Nehmen wir einmal an, daß alle Erwachsenen, die häufiger mit Benjamin reden, weitgehend aufgehört haben, Fragen zu stellen. Vor allem seine Eltern haben hart an sich gearbeitet und die Zahl der Fragen drastisch verringert – statt hundert Fragen pro Tag sind es nur noch sechs oder sieben. Von anderen Leuten kann man nicht erwarten, daß sie sich gleichermaßen darauf konzentrieren oder die Sorge der Eltern teilen; dennoch sind auch sie dazu übergegangen, Benjamin weniger Fragen zu stellen. Dieser Vorgang hat wahrscheinlich einen Monat in Anspruch genommen. Und was geschieht jetzt? Was ist bereits geschehen? Was werden Eltern vermutlich erwarten als Ergebnis all ihrer Anstrengungen, die sie unternommen haben, um ihrem Benjamin zu helfen?

Zunächst einmal können Sie sicher sein, daß Benjamin über diese Entwicklung froh ist, weil sich der Druck, der in der Vergangenheit auf sein Sprechen ausgeübt wurde, enorm vermindert hat. Ich wäre tatsächlich sehr überrascht, wenn das Stottern nicht bis zu einem gewissen Grad nachgelassen hätte, aber ich wäre ebenso überrascht, wenn das Stottern ganz verschwunden wäre. Alles, was sich zwischen diesen beiden Extremen bewegt, würde mich nicht überraschen. Die große Mehrheit der Eltern, die zu mir kommen, berichtet von einer erheblichen Verminderung des Stotterns; das muß allerdings nicht innerhalb eines Monats eintreten – es kann auch zwei Monate dauern.

Es spielt keine Rolle, wie gravierend die Besserung ist; falls sie überhaupt eintritt, ist es vernünftig, jene Strategien weiterzuverfolgen, die Sie sich angewöhnt haben. Falls nach ungefähr zwei Monaten *keine* Veränderung des Stotterns eintritt, ist es zwecklos, mit dem gleichen Maß an Konzentration fortzufahren. Ich würde dennoch nicht wieder damit beginnen, wie früher ständig Fragen zu stellen, eben weil Fragenstellen Druck auf das Sprechen ausübt. Das Gesagte gilt für ein Kind, das gelegentlich stottert, wenn Sie ihm eine Frage stellen, und dessen Stottern sich selbst dann nicht bessert, wenn Sie die Zahl der Fragen stark verringert haben. Es gilt selbstverständlich nicht für ein Kind, das nie stottert, wenn es gefragt wird (das kommt aber sehr selten vor).

Eine Mutter, die zusammen mit ihrem Mann gelernt hatte, nicht mehr negativ auf das Stottern zu reagieren und Fragen weitgehend zu verringern, kam in die Klinik und sagte:»Bevor wir mit etwas Neuem beginnen, möchte ich Ihnen sagen, daß Jochens Stottern weg ist, na ja, beinahe weg ist. Es begann in dem Moment zu verschwinden, als wir aufhörten, Fragen zu stellen; vor zwei Wochen waren wir das letztemal bei Ihnen, und Jochen hat seitdem kaum ein Wort gestottert. Die Veränderung ist so auffallend, daß wir es kaum glauben können.« So erfreut ich auch war, mußte ich dieser Mutter doch sagen, daß Stottern niemals in wenigen Wochen gänzlich verschwindet und daß sie nicht überrascht oder enttäuscht sein sollte, wenn es noch lange Zeit bis zum völligen Verschwinden dauern würde.

Höhen und Tiefen gibt es immer. Man kann jedoch mit ihnen umgehen, wenn man weiß, was zu tun ist. Es lohnt sich sicher, noch mehr über diesen kleinen Jungen zu erfahren, dessen Stottern sich so dramatisch gebessert hat.

Therapieschritt 2: Weniger Fragen stellen

> **Fallbeispiel**

Jochen

Jochen, vier Jahre alt, war immer ein ruhiges, wohlerzogenes Kind: Er blieb an der Hand seiner Mutter, tat, was man ihm sagte, und zog nie die Aufmerksamkeit auf sich. Während der ersten Wochen, in denen wir die Schirm-Therapie anwandten, verringerte sich sein Stottern *nicht*. Es gab allerdings Veränderungen in seinem Verhalten, und die waren sehr wichtig. Er hatte es aufgegeben, das Sprechen zu verweigern und zu sagen: »Mach dir nichts draus, das ist nicht schlimm«, was er vor kurzem noch mindestens einmal am Tag gesagt hatte, wenn das Stottern schlimm wurde. Kurz danach stellte seine Mutter fest, daß er im allgemeinen zufriedener und selbständiger wurde. Er begann damit, von sich aus zu erzählen, spontan und laut Gedichte aufzusagen und einen Tänzer zu imitieren, den er im Fernsehen gesehen hatte, wobei er rief: »Seht mich an, seht mich an!« – er hatte derlei Dinge nie zuvor gemacht. Hinzu kam noch, daß die Erzieherin im Kindergarten bemerkte, daß er nicht mehr verärgert reagierte. Seine Eltern waren überrascht darüber, daß Jochen selbstbewußt und sogar aufmüpfig wurde, worüber sie sich sehr freuten, weil er vor kurzem noch so schüchtern war. Sie sagten: »Jetzt benimmt er sich zum ersten Mal wie ein richtiger Junge.« Das waren alles ermutigende Zeichen für die Verbesserung seines Selbstbewußtseins; obgleich diese innerhalb von ganz wenigen Wochen aufgetreten waren, blieb das Stottern selbst unverändert. Zu diesem Zeitpunkt begannen wir damit, die Fragen zu verringern, und dann kam die plötzliche und massive Verbesserung des Stotterns.

Ein paar Wochen später jedoch sagte seine Mutter: »Sein Stottern ist ganz schlimm – nicht so wie am Anfang, aber er stottert wieder sehr stark.« Es stellte sich heraus, daß Jochen wegen einer Ohrbehandlung im Krankenhaus gewesen war, und daraufhin hatte das Stottern wieder begonnen.

Wie ich schon erwähnte, ist es in der Präventiv-Therapie selten, daß das Stottern sich kontinuierlich verbessert, ohne daß Rückschläge auftreten. Jedes Ereignis, welches das Kind aus dem Gleichgewicht bringt, kann solche Rückschläge verursachen. Wenn das Kind jedoch Fortschritte macht, dann sind solche Rückschläge nur von kurzer Dauer; man sollte sich deshalb darüber keine Sorgen machen. Ferien, Unfälle, Krankheiten, Müdigkeit, Angst, der Schulbeginn oder ein Schulwechsel sind häufige Ursachen für zeitlich begrenzte Rückschläge. Es ist typisch, daß sie nur eine oder zwei Wochen andauern und daß danach das Stottern wieder nachläßt. Es kann allerdings einen Monat dauern, bis der bereits erreichte Zustand wiederhergestellt ist.

Eine kleine Selbstkontrolle

Bevor ich zum nächsten Kapitel übergehe, möchte ich noch einmal besonders betonen, wie wichtig es ist, weniger Fragen zu stellen.

Sie werden überrascht sein, wie viele Fragen Sie Benjamin stellen! Im Anfangsstadium der Reduzierung wird es nützlich sein, einen Tag lang alle Fragen aufzuschreiben und sie am Ende des Tages durchzulesen, um festzustellen, wie viele es sind und wie viele davon wirklich nötig waren. Nach einer Woche sollten Sie diese Übung wiederholen, um herauszufinden, welche Fortschritte Sie gemacht haben.

Anfangs ist es schwierig, daran zu denken, daß man die Fragen verringern soll. Aber auch, wenn Sie daran denken, ist es oft nicht leicht, sich etwas einfallen zu lassen, was man anstelle einer Frage sagen kann – man muß sehr viel nachdenken.

Wenn Sie trotz größter Bemühungen keine andere Idee haben, dann machen Sie sich keine Sorgen! Es ist besser, die Frage zu stellen und in einem ruhigen Augenblick darüber nachzudenken, was Sie statt dessen hätten sagen können. Wir wollen nicht gänzlich unbeweglich sein oder überhaupt keine Fragen mehr stellen, wir wollen nur eine spezielle Form von Druck auf Benjamins Sprechen vermeiden. Einigen Eltern macht diese Therapie sogar Spaß, und sie finden sie interessant, vor allem, wenn sie die Erfolge sehen, die sie gewöhnlich bewirkt. Sie sagen auch, daß sie sich viel entspannter fühlen, wenn sie weniger fragen. Ich möchte noch einmal vorschlagen, daß Sie das Gefühl haben sollten, gut zurechtzukommen, bevor Sie zur nächsten Stufe der Präventiv-Therapie übergehen.

Therapieschritt 3: Nicht zum Sprechen auffordern

Manchmal genügt es bereits, auf zwei oder drei Drucksituationen zu verzichten, damit das Stottern nachläßt. Es ist durchaus möglich, daß der »Schirm« und die Therapie der verringerten Fragen Benjamins Stottern so stark vermindert haben, daß es beinahe verschwunden ist. Wenn das der Fall ist, ist es wunderbar. Grundsätzlich sollte man jedoch eine weitere spezielle Drucksituation ausschalten, nämlich die, zum Sprechen aufzufordern. Vorher sollten wir allerdings eine kurze Pause einlegen. Es ist für Benjamin vermutlich besser, wenn nicht zu viele Veränderungen in seiner Umgebung stattfinden, weil Veränderungen kleine Kinder oft verwirren und verunsichern. Aus diesem Grund wird es für Sie und all die anderen Personen in der Welt Ihres Kindes von Nutzen sein, wenn Sie nicht sofort neue Veränderungen einführen. Ich schlage deshalb vor, daß Sie ab dem Entschluß, einen Schritt weiterzugehen, Ihre bisherige Therapie eine Woche weitermachen, bevor Sie etwas Neues hinzufügen.

Wenn diese Woche vorbei ist und Sie mit dem Präventivschritt des »Nicht-zum-Sprechen-Aufforderns« beginnen, werden Sie das einfach finden im Vergleich zu dem, was Sie bisher gemacht haben. Ich weiß, daß ich von den Eltern viel verlange, aber ich weiß auch, daß sie sehr froh sind, wenn sie etwas Positives machen können und Veränderungen in Benjamins Sprechen feststellen.

Vieles von dem, was ich vorschlage, bedeutet, daß Sie einige Disziplinierungsmaßnahmen, die bei Ihnen üblich sind, zurückstellen. Die Eltern sorgen sich immer um die Disziplin ihrer Kinder;

für mich ist sie auch wichtig, aber das Stottern macht mir größere Sorgen.

Wenn durch die Disziplinierung Druck auf das Sprechen ausgeübt wird, sollte sie so lange aufgeschoben werden, bis das Stottern bereits für einige Monate verschwunden ist. Wie sehen die Alternativen aus?

Wenn Sie auf diszipliniertem Sprechen bestehen, haben Sie möglicherweise ein Kind, das zeitlebens stottert. Wenn Sie die Disziplinierung zurückstellen, bis das Kind sechs anstatt vier Jahre alt ist, wird Ihr Kind höchstwahrscheinlich das Stottern verlieren. Um es ganz offen zu sagen: Sie haben keine große Wahl. Die Präventiv-Therapie hat zur Folge, daß man die Disziplinierung des Sprechens zurückstellt.

»Sage« und »erzähle«

Wenn Sie Benjamin zum Sprechen auffordern, sagen Sie ihm nicht nur, daß er reden soll, Sie sagen ihm oft auch, was er sagen soll. Gewöhnlich beginnen Sie mit den Worten »sage« oder »erzähle«; zum Beispiel:

»Sage guten Tag!«
»Sage auf Wiedersehen!«
»Sage bitte!«
»Sage danke!«
»Sage Entschuldigung!«
»Sage Tante Maria das Gedicht auf!«
»Erzähle Großmama diese Geschichte!«
»Erzähle Papa, was heute im Kindergarten passiert ist!«
»Erzähle mir, woher du diesen Keks hast!«
»Erzähle Hans diesen Witz!« usw.

Alle diese Aufforderungen zum Sprechen müssen aufhören; sie sollten von Benjamin nie verlangen, etwas zu »sagen« oder zu »erzählen«, nicht einmal sein Gebet zu sprechen! Es ist nicht notwendig, daß er »Guten Tag«, »Auf Wiedersehen« oder »Bitte« sagt – das ist nicht wichtig. Wenn er nicht spontan »Danke« sagt, ob-

Therapieschritt 3: Nicht zum Sprechen auffordern

gleich Sie es für wichtig halten, können Sie es für ihn tun – das ist einfach. Wenn Benjamin bei Ihnen ist, genügt es zu sagen: »Du hast Benjamin ein schönes Geschenk gemacht, vielen Dank.« Wenn er Sie nicht hören kann, sollten Sie vielleicht hinzufügen: »Ich will ihn nicht zum Sprechen auffordern, solange er damit Schwierigkeiten hat.« Wenn Sie wollen, daß er sich entschuldigt, sollten Sie ihm nur sagen, daß Sie verärgert sind, aus welchem Grund auch immer, und daß er es nicht mehr tun soll. Aber Sie sollten ihn nicht auffordern, etwas zu sagen.

Eltern, und ganz besonders Mütter, führen Benjamin gerne vor, indem sie ihn auffordern, einen Vers oder ein Gedicht aufzusagen oder eine Geschichte oder einen Witz zu erzählen, wie ich schon erwähnt habe.

Möglicherweise sind sie auch so erfreut, wenn er ein langes oder schwieriges Wort herausbringt, daß sie ausrufen: »Sag es noch mal, sag es noch mal!«, aber Benjamin sollte weder für lange oder schwierige Wörter gelobt werden, noch sollte er aufgefordert werden, sie zu wiederholen. Die Präventiv-Therapie verlangt, daß Sie nie versuchen sollten, sein Sprechen vorzuführen; das stellt einen völlig unnötigen Sprechdruck dar.

Falls es Ihnen Freude macht, wenn er etwas »vorführt«, dann fragen Sie sich selbst, warum das so ist. Die Antwort könnte heißen, daß Sie stolz auf ihn sind und daß Sie anderen Leuten zeigen möchten, was für ein kluger Kerl er ist. Es ist nur natürlich, daß Eltern stolz auf ihre Kinder sind, aber wenn ein Kind stottert, muß jede Zurschaustellung seiner Sprachtalente vermieden werden. Dazu machte jemand die treffende Bemerkung: »Die Sprache ist in erster Linie ein Werkzeug und kein Schmuck.« Wenn Benjamin spontan Witze erzählt oder Gedichte aufsagt, ist das natürlich etwas anderes, weil *er* sich entschlossen hat zu sprechen und er seine Zuhörer selbst wählt. Das ist nicht dasselbe, wie wenn Sie ihm vorgeben, was er sagen soll und wem er es sagen soll.

Situationen, in denen Sie zum Sprechen auffordern dürfen

In der Regel fordert man nicht so häufig zum Sprechen auf, wie man Fragen stellt, deshalb ist es vergleichsweise einfach, sich daran zu erinnern, daß man es nicht tun soll. Vor allem, weil die Sätze meistens mit »Sage« oder »Erzähle« beginnen. Es ist dennoch möglich, zum Sprechen aufzufordern, ohne diese beiden Wörter zu benutzen. Sie können zum Beispiel sagen: »Benjamin, komm, die Oma ist am Telefon!«, oder wenn Sie möchten, daß er seine Schuld zugibt: »Ich habe gesehen, wie du den Hund am Schwanz gezogen hast; so etwas Schreckliches. Du mußt mir erklären, warum du das gemacht hast, und versprechen, daß du es nie mehr tun wirst.«

Sie sind sich vermutlich nicht immer völlig bewußt, wenn Sie zum Sprechen auffordern. Trotzdem werden Sie während der Umsetzung der Präventiv-Therapie immer aufmerksamer werden, und das hilft Ihnen dabei, zunehmend darauf zu verzichten.

Therapieschritt 3: Nicht zum Sprechen auffordern

Stellen Sie sich zum Beispiel vor, daß Sie mit Benjamin das Spiel »Ich seh etwas, was du nicht siehst« spielen. Nach einigen »Ahs« und »Hms« sagt Benjamin plötzlich: »T-T-T-Teddy-Bär.« In diesem Augenblick wird Ihnen klar, daß Sie ihn zum Sprechen aufgefordert haben. Wenn andere Kinder mitspielen, wird der Druck auf Benjamin noch größer, weil er gerne die richtige Antwort geben möchte und weil er sie gerne als erster geben möchte; deshalb meint er, schnell sprechen zu müssen. Diese Probleme können bei jedem Wort und in jedem Fragespiel auftreten. Selbstverständlich gibt es keinen Grund, solche Spiele zu meiden, wenn sie keine Unruhe oder Stottern hervorrufen.

Es könnte durchaus sein, daß Sie unwissentlich zum Sprechen auffordern, weil Sie Benjamin nicht verstanden haben und ihn bitten, das Gesagte zu wiederholen. Sie sollten ihn möglichst überhaupt nicht bitten, etwas zu wiederholen. Statt dessen können Sie vielleicht raten, was er gesagt hat, oder ihn einfach bestätigend anlächeln. Wenn Benjamin damit nicht einverstanden ist, liegt es an ihm, zu wiederholen, was er gesagt hat, oder das Geratene zu verbessern, wenn er möchte, indem er etwas anderes sagt.

Wenn Benjamin gestottert hat oder das nicht zu Ende sprechen konnte, was er sagen wollte, ist es besonders wichtig, daß Sie ihn nicht um eine Wiederholung bitten.

Im allgemeinen gewöhnen sich Eltern vergleichsweise leicht daran, nicht zum Sprechen aufzufordern. Dennoch erfordert es Konzentration und Übung, und Sie müssen auf der Hut sein vor dem, was Sie sagen, wenngleich es viel einfacher ist, nicht darüber nachdenken zu müssen, was sie sagen *sollen*. Es scheint, als ob Eltern, die wünschen, daß ihr Kind sich gut benimmt, es automatisch dazu auffordern, etwas zu »sagen«. Ich habe mehrfach erlebt, daß ich mit Eltern eine halbe Stunde lang ausgiebig darüber diskutiert habe, wie wichtig es ist, nicht zum Sprechen aufzufordern; anschließend gingen sie dann mit ihrem Kind hinaus, und die Mutter sagte entweder: »Sage auf Wiedersehen« oder »Sage danke!« Das zeigt, daß Gewohnheiten nicht in einer halben Stunde aufgegeben werden können.

Therapieschritt 4: Keine Unterbrechungen

Wenn Benjamins Stottern nun anscheinend verschwunden oder beinahe verschwunden ist, fragen Sie vielleicht: »Müssen wir die Präventiv-Therapie fortsetzen?« Die Antwort lautet: »Ja, es wäre vernünftig, es zu tun.« Es kann durchaus sein, daß Benjamin gerade eine »gute Phase« hat, in der das Stottern für eine gewisse Zeit völlig verschwindet; das muß aber nicht bedeuten, daß es künftig überhaupt keine Situationen mehr geben wird, in denen er stottert. Wenn das Stottern für einige Monate nicht mehr auftritt, ist das ein gutes Zeichen, aber man kann nicht sicher sein, daß es in den folgenden Monaten keinen Rückfall gibt. Meiner Erfahrung nach muß das Sprechen neun Monate lang flüssig gewesen sein, bevor man überzeugt sein kann, daß das Stottern verschwunden ist. Deshalb ist es in den ersten Monaten, in denen flüssig oder beinahe flüssig gesprochen wird, eine vernünftige Vorsichtsmaßnahme, wenn Sie sich bewußt machen, welche weiteren Drucksituationen vorhanden sind; Sie können diese vermeiden und damit die Chance erhöhen, daß das Stottern nicht wieder auftritt. Wenn ich von dem Sprechdruck des »*Unterbrechens*« rede, muß ich Sie darum bitten, nicht nur damit aufzuhören, Benjamin zu unterbrechen, sondern ihm auch zu *erlauben, daß er Sie unterbricht*. Das ist nicht das Ende jeder Disziplin – sie wird nur vorübergehend zurückgestellt.

Wir alle kennen wenigstens einen Erwachsenen, der unaufhörlich redet, immerfort schwätzt, mit einer nichtendenwollenden Flut von Wörtern, und dabei kaum zum Luftholen kommt. Selbst der schwächste Versuch, ihn zu unterbrechen, führt nur dazu, daß der Sprecher die Stimme hebt, um unsere zu übertönen, und dann weiterredet, blind gegenüber jedem Wunsch unsererseits, am Gespräch teilnehmen zu wollen. Diese Art von Sprecher wurde treffend als »Sprach-Geier« bezeichnet, weil der Dauerredner ständig unterbricht, aber sicherstellt, daß er selbst nicht unterbrochen wird. Bleibt zu hoffen, daß Benjamin keine solchen Eltern hat.

Therapieschritt 4: Keine Unterbrechungen

Jemand, der ständig unterbricht, hindert uns am Sprechen, läßt uns vergessen, was wir sagen wollten, und bewirkt, daß wir nicht mehr richtig zuhören, weil wir ständig versuchen, uns daran zu erinnern, was *wir* sagen wollten. Er oder sie beendet unsere Sätze für uns – oft unrichtig –, zeigt sich ungeduldig gegenüber dem, was wir sagen, und versucht, uns am Weitersprechen zu hindern, damit er oder sie statt dessen weitersprechen kann. Solche Leute machen ein Gespräch schwierig und unerfreulich für flüssig sprechende Erwachsene, ganz zu schweigen von nicht-flüssig sprechenden Kindern. Falls Sie zufällig zu den wenigen Müttern oder Vätern zählen, die in dieser Weise sprechen oder unterbrechen, wird Ihr Optimismus sehr groß sein müssen, daß Benjamin zu den drei Prozent gehört, die das Stottern spontan aufgeben, und nicht zu dem einen Prozent, das nur mit professioneller Hilfe davon loskommt.

Die meisten von uns werden sich jedoch in einer mehr oder weniger vernünftigen Weise unterhalten, und es ist ganz natürlich, daß wir uns im Gespräch abwechseln und daß wir die gelegentlichen Unterbrechungen kaum bemerken. Für viele Eltern scheint es aber immer noch in Ordnung zu sein, wenn sie ihr Kind unterbrechen, manchmal sogar wiederholt; sie empfinden es jedoch als rücksichtslos, wenn sie von ihrem Kind unterbrochen werden. Dieser neue Schritt in der Präventiv-Therapie trägt den Gefühlen der Eltern Rechnung, die überhaupt nicht damit zurechtkommen, daß sie Benjamin erlauben sollen, sie zu unterbrechen, obgleich sie gewöhnlich akzeptieren, daß sie ihn nicht unterbrechen sollen.

Wie wirkt sich Unterbrechen auf Benjamins Sprechen aus?

Jedesmal, wenn Sie Benjamin unterbrechen, ob er nun gerade stottert oder nicht, bedeutet das, daß er noch einmal von vorne beginnen muß, und wie wir schon gesehen haben, tritt das Stottern am häufigsten am Sprechbeginn auf. Das bedeutet, daß Sie sich in einer Weise verhalten, die geeignet ist, das Stottern zu verstärken. Unterbrechen ruft wahrscheinlich auch Frustration hervor und gibt ihm das Gefühl, daß das, was er zu sagen hat, nicht sehr wichtig sein kann, weil Sie nicht daran interessiert sind, es zu hören. Solche Gefühle reichen aus, um jeden zurückhaltender werden zu lassen, als er es gewöhnlich ist. Darüber hinaus wird er das Gefühl haben, daß er schnell sprechen muß, um das loszuwerden, was er sagen wollte, bevor er wieder unterbrochen wird. Der Zeitdruck, das Gefühl, schneller sprechen zu müssen, ist eine der häufigsten Ursachen dafür, daß das Stottern sich verstärkt. Eltern setzen jedoch – unbewußt – ihre Kinder diesem Druck immer wieder aus und sagen doch zur gleichen Zeit: »Benjamin, sprich um Himmels willen langsamer.« Kein Wunder, daß er in Verwirrung gerät!

Schwierigkeiten bei der Umsetzung der Therapie in die Praxis

Es dauert einige Zeit, bis man sich daran gewöhnt hat, daß man Benjamin nicht unterbrechen soll. In der Anfangszeit werden Sie unabsichtlich unterbrechen und sich dafür ohrfeigen mögen, aber es dauert nur eine gewisse Zeit, um das zu lernen. Wie bei anderen Schritten in der Präventiv-Therapie können sich Eltern gegenseitig dabei helfen, ihr Ziel zu erreichen: mit Hilfe eines gegenseitigen Lächelns, einer hochgezogenen Augenbraue oder durch einen sonstwie bekannten Gesichtsausdruck. In einem Fall war es notwendig, daß ein kleiner vierjähriger Junge in der Klinik anwesend war, als ich mit seinen Eltern über diesen Therapieschritt diskutierte. Ich sah keinen Grund, warum er nicht dabei sein sollte, weil er sich seines Stotterns bewußt war und weil unser Gesprächsstoff kein besonderes Geheimnis darstellte.

Der kleine Junge spielte glücklich am Boden, während wir uns unterhielten, und er war anscheinend in sein Spiel vertieft und sich dessen nicht bewußt, worüber wir sprachen. Beim nächsten Besuch erzählten seine Eltern lachend: »Wenn wir Benjamin versehentlich unterbrechen, sagt er: ›Die Therapeutin hat euch gesagt, ihr sollt mich nicht unterbrechen!‹« Obgleich das etwas herablassend klingen mag, zeigt es doch, wie wichtig es für Benjamin war, daß man ihn nicht unterbrechen sollte.

Therapieschritt 4: Keine Unterbrechungen

Ich halte es nicht für vernünftig, von den Eltern zu erwarten, daß sie gänzlich aufhören sollten, zu unterbrechen. Ein Kind ist nie ein »Sprach-Geier«, aber es kann durchaus ein Plappermaul sein, und die Eltern können nicht tolerieren, daß sie nicht in der Lage sein sollen, gewisse Dinge zu einer gewissen Zeit zu sagen. Es ist wichtig, so zurückhaltend wie möglich zu sein, und es ist besonders wichtig, Benjamin nicht zu unterbrechen, wenn er mit sich selbst redet. Kinder leben ihr Leben zum Teil in einer Phantasiewelt, und sie reden mit sich selbst – völlig flüssig –, wenn sie das ausleben, was sich in ihren Köpfen abspielt. In diesen Augenblicken der Kreativität und des flüssigen Sprechens wäre es völlig ungerechtfertigt, den Bann zu brechen.

Wenn ich Eltern darum bitte, daß sie Benjamin erlauben sollen, sie zu unterbrechen, dann haben sie alle möglichen legitimen Gründe, warum er das nicht tun sollte: »Aber er unterbricht die *ganze* Zeit«, sagen sie, »das klingt so rüde, was sollten vor allem Freunde von uns denken?« »*Mir* macht es nichts aus, wenn er unterbricht, aber sein Vater kann es nicht leiden, er ist der Meinung, daß Benjamin nicht immer seinen Kopf durchsetzen sollte.« Sie können mir trotz dieser Einwände glauben – es *ist* notwendig. Benjamin stottert, und wir wollen, daß er damit aufhört. Wenn er also etwas zu sagen hat, dann soll er nicht zuerst überlegen müssen: »Ist es jetzt angebracht zu sprechen?« Wir wollen, daß er einfach spricht. Ihn zu ignorieren oder dafür zu sorgen, daß er still ist, bedeutet Druck auf sein Sprechen. Therapie ist etwas Vorübergehendes, und Sie werden sehen, daß es einfach ist, die Unterbrechung zuzulassen, wenn Sie sich erst einmal dazu entschlossen haben.

Wenn Benjamin ständig unterbricht

Eltern können wirklich irritiert sein durch die Unterbrechungen ihrer Kinder, insbesondere, wenn sie häufig vorkommen, und vor allem, wenn Vater und Mutter eine ernsthafte Unterhaltung führen möchten. Deshalb bitte ich die Eltern, wichtige Unterhaltungen am Abend zu führen, wenn Benjamin im Bett ist; dann können Sie in Ruhe miteinander reden. Jeder Gesprächsstoff, der eine gewisse Zeit ohne Unterbrechungen erfordert, paßt mehr in die Tageszeit, in der Benjamin nicht in der Nähe ist. Ich muß zugeben, daß es für Eltern schwirig sein kann, sich unterbrechen zu lassen, aber es wird bald zur Gewohnheit und zahlt sich aus. Mir sind keine Eltern bekannt, die es bedauerten, daß sie ihrem Benjamin erlaubt haben, sie zu unterbrechen.

Obgleich es nicht realistisch ist, von den Eltern zu erwarten, daß sie sich immer und in jedem Fall unterbrechen lassen, gibt es dennoch in der Präventiv-Therapie keine Halbheiten. Die Eltern der kleinen Jasmin, die fünf Jahre alt war und sehr stark stotterte, versicherten mir, daß sie bereits den Rat erhalten hatten, Unterbrechungen zuzulassen, und daß sie ihn auch befolgten.

»Aber«, sagten sie, »es ist unmöglich, das immer zuzulassen, denn sie unterbricht die *ganze* Zeit. Also nicht nur häufig, sondern mehrere hundert Mal am Tag. Sie hört nicht auf.« Ich fragte sie, ob sie als Experiment gewissermaßen versuchen wollten, Jasmin mehrere hundert Mal am Tag unterbrechen zu lassen, nur für die drei Wochen bis zu unserem nächsten Treffen. Die Eltern hatten zunächst große Probleme mit diesem Vorschlag und überlegten, ob das möglich sein würde. Dann stimmten sie zu, »Ja, wir wollen es versuchen. Wir würden alles tun, um zu helfen, aber wir müssen erst sehen, wie wir damit zurechtkommen.« Das war mehr als genug für mich. Drei Wochen später kamen sie wieder. »Jasmins Stottern ist fast weg«, freuten sie sich, »es ist unglaublich; wir hätten nie geglaubt, daß es einen derartigen Unterschied ausmachen würde, wenn wir sie unterbrechen lassen, und es war weitaus einfacher, als wir dachten.« Jasmins Vater setzte noch hinzu: »Das Stottern ist nicht gänzlich verschwunden, aber jetzt bedeutet ein ›schlechter Tag‹ für uns, daß sie ein paarmal gestottert hat; vor ein paar Wochen hätten wir das für einen ›guten Tag‹ gehalten. Wir sind jetzt sicher, daß sie davon loskommen wird.«

Jasmins Eltern betrachteten es von da an nicht mehr als ein Experiment, wenn sie ihr erlaubten, sie zu unterbrechen. Sie hatten bereits beschlossen, mit der Präventiv-Therapie so lange wie nötig weiterzumachen.

Therapieschritt 5: Aufmerksamkeit schenken

Wenn Sie Benjamin zuhören und sich für das interessieren, was er sagt, dann ist das für sein Gefühl, das er dem Sprechen gegenüber hat, von besonderer Bedeutung. Kinder sollten Freude daran haben, mit ihren Eltern zu reden. Wenn das Telefon klingelt, das Baby schreit, die Katze versucht, zur Türe hereinzukommen, und Benjamin an Mutters Kleidern zerrt und sagt: »Mama, Mama, Mama«, wie sollen die Eltern da die Präventiv-Therapie anwenden und *Aufmerksamkeit schenken?* Es ist eine wichtige Aufgabe, daß Mutter, Vater und alle anderen Betroffenen Benjamin zuhören; aber gleichzeitig müssen sie einsehen, daß es unmöglich ist, einem gesprächigen Kind die ganze Zeit sorgfältig zuzuhören.

Wenn wir reden, möchten wir, daß die Person, mit der wir reden, uns zuhört. Wenn das, was wir sagen, etwas kompliziert ist oder schwierig zu erklären, dann hilft es uns, wenn wir die Gewißheit haben, daß der Zuhörer warten kann und daß er das, was ohnehin schwierig ist, nicht noch schwieriger macht. Wenn die Aufmerksamkeit des Zuhörers nachläßt, wird uns bewußt, daß das, was wir sagen, nicht interessant genug ist, um sein Interesse aufrechtzuerhalten. Das ist kein angenehmes Gefühl. Benjamin hat zusätzliche Schwierigkeiten in dieser Situation! Es bereitet ihm wahrscheinlich noch mehr Mühe, flüssig zu sprechen, wenn er das Gefühl hat, sich nicht frei ausdrücken zu können, selbst wenn er in keiner Weise gedrängt oder in Verlegenheit gebracht wird. Unaufmerksamkeit, geteilte Aufmerksamkeit oder Aufmerksamkeit, die während der Unterhaltung verlorengegangen ist, werden sein Selbstbewußtsein eher mindern und sein Stottern verstärken.

Hören und Zuhören

Hören ist nicht dasselbe wie *Zuhören.* Wenn wir Vögel zwitschern hören oder Kinder auf der Straße spielen oder ein Zug in einen

Präventiv-Therapie Teil I

Bahnhof einfährt, dann wissen wir, was geschieht. Wir hören, was geschieht, ohne tatsächlich darauf zu achten – wir hören, aber wir hören nicht zu. Wenn Benjamin spricht, ist es einfach, vielleicht sogar eine Gewohnheit, ihn passiv zu hören, aber nicht aktiv dem zuzuhören, was er sagt. Vielleicht möchte er seiner Mutter von einem Vorfall berichten, den er eben beobachtet hat, während sie fernsieht und ihm wenig Aufmerksamkeit schenkt; »Mama, Mama, Mama«, sagt er, aber sie antwortet nicht, obgleich sie sich dessen bewußt ist, daß er gesprochen hat. Die andere Möglichkeit wäre die, daß sie ihm zuhört, aber ziemlich ungeduldig sagt: »Was ist los, Benjamin?« In beiden Fällen wird Benjamin das Gefühl haben, daß er seiner Mutter etwas Aufregendes zu erzählen hat und daß sie nicht daran interessiert ist. Jede derartige Abweisung wird wenig zu seinem Selbstbewußtsein beitragen und noch weniger zu seinem Sprechen.

Es gibt viele verschiedene Gründe dafür, warum Eltern ihrem Kind nicht zuhören. Vielleicht liegt es daran, daß es unaufhörlich redet; vielleicht denken sie, daß das, was es zu sagen hat, nicht wichtig ist; vielleicht sind sie zu beschäftigt, um ihm zuzuhören, oder es sieht so aus, als ob es immer dann redet, wenn sich seine Mutter auf etwas anderes konzentrieren muß; möglicherweise sind seine Eltern einfach zu müde oder zu gelangweilt, um ihm zuzuhören. Wir hören oft gerade soweit zu, daß wir hören, was gesagt wird, während wir mit dem weitermachen, womit wir uns momentan beschäftigen; vielleicht hören wir auch damit auf, sind jedoch verärgert über die Unterbrechung und nehmen unsere Tätigkeit so schnell wie möglich wieder auf. Gelegentlich sind wir vielleicht sogar so vertieft in unsere eigenen Gedanken, daß wir nur wahrnehmen, wenn das Sprechen aufhört. Oder wir schalten geistig ganz ab, bis das Reden aufhört, um danach wieder mit unseren Gedanken oder unseren Beschäftigungen weitermachen zu können.

Was Benjamin uns wirklich sagen will

Sorgfältiges Zuhören ist nichts Selbstverständliches, es bedarf einer besonderen Bemühung. So kann man zum Beispiel hören, wie jemand, der eine Unterhaltung geführt hat, die Bemerkung

Therapieschritt 5: Aufmerksamkeit schenken

macht: »Ich spitzte meine Ohren, als ich das hörte.« Das würde bedeuten, daß die betreffende Person, obgleich sie zuhörte, nicht mit voller Aufmerksamkeit dem folgte, was gesagt wurde, bis zu dem Moment, als etwas Besonderes ihr Interesse weckte. Aber Benjamin braucht Hilfe, er braucht *unsere* Hilfe, und wir müssen uns für ihn ganz besonders anstrengen. Wenn Benjamin redet, erzählt er uns etwas über sich selbst, von dem er möchte, daß wir es verstehen. Er benutzt Wörter, um seine Botschaft zu übermitteln, aber er benutzt sie auch, um uns seine Gedanken und Gefühle mitzuteilen. Es ist wichtig für uns, daß wir die versteckte Bedeutung hinter seinen Wörtern verstehen. Wenn er Ihnen erzählt, daß er seinen Ball verloren hat, dann erzählt er nicht nur, daß er seinen Ball verloren hat, er bittet Sie auch zu kommen, jetzt zu kommen und ihm bei der Suche zu helfen. Wenn er Ihnen erzählt, daß er sich am Finger verletzt hat, dann bittet er Sie damit auch, ihn zu küssen und zu heilen. Worte sind nur das Werkzeug, das er benutzt, um Ihnen mitzuteilen, wie er sich fühlt. Manchmal sieht es so aus, als ob er denkt, daß Taten deutlicher reden als Worte. Wir haben sicher alle schon einmal Benjamin verzweifelt am Rock seiner Mutter ziehen sehen, um ihre Aufmerksamkeit zu erhalten. Wenn er diese nicht bekommt, sagt er vielleicht etwas und stottert dabei aus purer Enttäuschung. Eltern sagen manchmal: »Es würde mich interessieren, ob er absichtlich stottert – manchmal glaube ich das. Er würde alles tun, um meine Aufmerksamkeit zu wecken; er stampft mit den Füßen, zerrt an meinen Kleidern, schreit und stottert wie verrückt.« Wenn Benjamin sich so verzweifelt um Aufmerksamkeit bemühen muß, ist es gewiß höchste Zeit, daß er sie bekommt, und er muß sie dringend nötig haben. Für ein Kind, das die Aufmerksamkeit braucht, ist wenig Aufmerksamkeit besser als gar keine. Wenn es die Aufmerksamkeit seiner Eltern nur durch Stottern erreicht, kann man es nicht dafür tadeln, daß es das Stottern benutzt; es sollte nicht in eine Lage gebracht werden, in der es das Stottern zu seinem Vorteil gebrauchen muß. Es ist sehr wahrscheinlich und auch natürlich, daß Benjamin mit einem Stottern zu sprechen beginnt, wenn er weiß, daß dies der einzige Weg ist, um seine Eltern zum Zuhören zu veranlassen.

Wie Sie das Zuhören in die Praxis umsetzen

Es gibt Eltern, die sagen, daß ihnen das Zuhören keine Schwierigkeiten macht, daß sie es genießen, Benjamin zuzuhören und mit ihm zu reden; sie glauben, daß sie fast immer sorgfältig zuhören und angemessen antworten. Vieles hängt von den einzelnen Eltern und ihrem Kind ab. Wenn es nicht zu fordernd ist, können seine Eltern ihm genauso leicht zuhören wie einer anderen Person auch. Manchmal finden sie es allerdings schwieriger, Benjamin zuzuhören, wenn er start stottert, weil sie das Gefühl haben, daß das Stottern sie ablenkt. In diesem Fall kann es für die Eltern hilfreich sein, sich auf ihre eigenen Ohren zu konzentrieren anstatt auf den Mund ihres Kindes, so daß sie das hören, was er sagt, und nicht, *wie* er es sagt. Dennoch ist es natürlich

Therapieschritt 5: Aufmerksamkeit schenken

unvernünftig, wenn nicht unmöglich, zu erwarten, daß man Benjamin immer volle Aufmerksamkeit schenkt, wenn er spricht – ob er nun stottert oder flüssig redet. Und wenn er ein sehr gesprächiges Kind ist, dann ist es besonders schwierig. Man muß zu einer praktikablen Lösung kommen. Diese darf keinen Kompromiß darstellen, bei dem man immer nur halb zuhört; vielmehr sollte man eine Methode finden, wie man sorgfältig zuhört, und zwar vor allem dann, wenn es notwendig ist. Lassen Sie uns über die Möglichkeiten reden.

Aufmerksamkeit um jeden Preis?

Präventiv-Therapie basiert auf der Voraussetzung, daß Benjamin in der Lage ist zu versehen, daß er nicht unter allen Umständen die sofortige Aufmerksamkeit erhalten kann. Seine Eltern sollten ihm das *in dem Moment* klarmachen, wenn es ihnen gerade unmöglich ist, ihm ihre Aufmerksamkeit zu schenken. Sie sollten ihm auch sagen, wann sie ihm zuhören können. Wenn Benjamin zum Beispiel die Aufmerksamkeit seiner Mutter gerade dann fordert, wenn sie das Baby füttert, könnte sie sagen: »Ich füttere jetzt das Baby und kann dir im Moment nicht aufmerksam zuhören. Ich werde ungefähr eine halbe Stunde brauchen, und dann kannst du mir das erzählen, was du möchtest. Ich werde es dir sagen, wenn ich fertig bin.« Ein anderes Beispiel: Stellen Sie sich vor, daß Benjamins Vater nach einem anstrengenden Arbeitstag gerade nach Hause gekommen ist und sich in einen Sessel fallen läßt. Benjamin springt auf seine Knie und erwartet Spaß und Spiel, wozu sein Vater in diesem Moment nicht in der Lage ist. Er kann sagen: »Ich bin müde. Ich möchte mich in Ruhe hinsetzen, eine Tasse Tee trinken und die Zeitung lesen. Ich möchte jetzt nicht reden oder spielen. Wir werden nach dem Abendessen zusammen spielen.« Aus solchen Erklärungen wird Benjamin lernen, falls er es nicht schon weiß, daß es manchmal notwendig ist zu warten. Das wird sein Stottern nicht verstärken, weil er weiß, wo er steht; er wird die Gründe verstehen, warum er warten muß. Sein Sprechen und sein Selbstwertgefühl werden dadurch nicht beeinträchtigt. Man sollte dennoch die Aufmerksamkeit nur dann zurückstellen, wenn es einen berechtigten Grund gibt, und vermeiden, Benjamin ohne Grund wegzuschicken. Wenn man zum Beispiel sagt: »Laß mich um Himmels willen in Ruhe!«, wird er sich nicht nur zurückgewiesen fühlen, ihm fehlt auch die *Begründung,* warum er Sie in Ruhe lassen soll, und er wird nicht zufrieden sein. Es ist nicht das gleiche, wie wenn er weiß, daß Sie müde sind und später mit ihm spielen werden.

Selektives Zuhören

Wenn Benjamin ein Plappermaul ist, bedarf es einer gewissen Taktik, damit Sie seinem unablässigen Schwätzen nicht immer zuhören müssen. Zunächst muß gesagt werden, daß viele kleine Kinder, die den ganzen Tag über reden, oft mit sich selbst reden; sie haben weder die Absicht noch den Wunsch, daß ihre Eltern ihnen zuhören. Als Eltern wissen Sie ganz genau, wann Benjamin derart plappert, und es gibt keinen Grund für Sie, zuzuhören. *Lernen Sie deshalb, selektiv zuzuhören und die Zeichen zu interpretieren.* Wenn Sie Benjamin beobachten, werden Sie feststellen, daß er bestimmte Dinge tut, wenn er Ihre Aufmerksamkeit sucht; er gibt Ihnen ein Signal, damit Sie verstehen, daß er etwas Wichtiges sagen möchte. Vielleicht kommt er nur und stellt sich ganz nah neben Sie hin, oder er zieht an Ihren Kleidern oder erhebt seine Simme, oder er ist mehr nicht-flüssig als sonst – vielleicht stottert er. Er wird seine eigene besondere Methode haben, um Ihnen deutlich zu machen, daß er den Wunsch hat, daß Sie ihm aufmerksam zuhören. Wenn er ganz speziell zu *Ihnen* kommt, dann möchte er bestimmt etwas sagen, das wichtig für *ihn* ist. In diesen Fällen sollten Sie immer auf das hören, was er sagen möchte.

Eine Mutter erzählte mir, daß sie dann, wenn ihre Tochter mit ihr sprechen wollte, immer sagte: »Komm, wir setzen uns auf das Sofa, dann kannst du mir alles erzählen.« Das ist eine ausgezeichnete Idee, weil sie dem Kind zeigt, daß es die volle Aufmerksamkeit der Mutter haben wird und daß ihm so viel Zeit zur Verfügung steht, wie es haben möchte.

Wir haben bereits erwähnt, daß viele Kinder, die stottern, »gute Tage« und »schlechte Tage« haben. Wenn Benjamin einen fast

Therapieschritt 5: Aufmerksamkeit schenken

flüssigen Tag hat, sollten Sie von Ihrem üblichen Weg, seinem Sprechen spezielle Aufmerksamkeit zu schenken, abweichen und sich mit ihm ausführlich unterhalten, weil an diesen Tagen zusätzliches Reden sein flüssiges Sprechen verstärkt.

Wenn Eltern ihre Aufmerksamkeit Benjamins Sprechen gegenüber verringern, so stellt das natürlich einen Druck dar, den Eltern so beurteilen: »Sein Stottern nimmt zu, wenn wir ihm nicht zuhören« oder: »Sein Stottern läßt nach, wenn wir ihm zuhören«. Im Vergleich zu den anderen Situationen, die Druck auf das Sprechen ausüben, fällt mir nicht ein Fall ein, in dem Eltern nach der Durchführung dieses Prinzips in die Klinik gekommen wären und gesagt hätten: »Der Unterschied im Sprechen ist ganz auffallend; das Stottern ist fast weg.« Vielleicht hören Eltern heute Benjamin ohnehin aufmerksamer zu als in früheren Zeiten, als man erwartete, daß kleine Kinder gesehen, aber nicht gehört werden.

Der Wettbewerb um die Gelegenheit zu sprechen

Man erwartet vermutlich, daß sich Benjamins Stottern verstärkt, wenn er um eine Gelegenheit zum Sprechen kämpfen muß. Es wird in seinem Leben Zeiten geben, möglicherweise täglich oder sogar mehrere Male täglich, in denen er erleben muß, daß andere Leute genau im selben Moment zu sprechen beginnen wie er; da andere Leute übermäßig viel reden, ist es unmöglich für ihn, sich an der Unterhaltung zu beteiligen. Solche Situationen entstehen wahrscheinlich besonders dann, wenn in der Familie noch andere Kinder sind. Benjamin wird dies aber auch dann gelegentlich erleben, wenn er im Wettbewerb mit seinen Eltern spricht oder zu sprechen versucht.

Wenn zwei Erwachsene gleichzeitig zu sprechen beginnen, dann hört einer von ihnen gewöhnlich auf und gibt der anderen Person die Möglichkeit weiterzureden. Wenn jedoch ein Erwachsener zur gleichen Zeit spricht wie ein Kind, vermutet der Erwachsene möglicherweise, daß er das Recht hat weiterzusprechen (»Sei still, die Mama spricht gerade«) und daß das Kind warten sollte, bis er fertig ist. Wenn zwei Kinder gleichzeitig sprechen, gibt vielleicht das eine dem anderen den Vortritt, oder beide Kinder reden gemeinsam weiter, ohne darauf Rücksicht zu nehmen, daß sie vielleicht nicht gehört oder verstanden werden.

Benjamin sollte so weit wie möglich davor bewahrt werden, daß er um eine Gelegenheit zum Sprechen wetteifern muß. Um das zu erreichen, müssen seine Eltern sowohl sich selbst als auch einer den anderen beobachten und die anderen Kinder in der Familie zur Hilfe heranziehen. Das Familienleben wird es nicht zulassen, daß Benjamin vollen Schutz erhält. Seine Eltern und die älteren Geschwister sollten sich jedoch bewußt sein, daß die Leute um das Sprechen konkurrieren, und sie sollten sich darauf einstellen, Benjamins Frustation zu verringern, indem sie ihm erlauben, zuerst zu sprechen. Falls eine solche Vorzugsbehandlung von den anderen Kindern als unfair betrachtet wird, sollte man ein System ausarbeiten, nach dem die Kinder sich mit dem Sprechen abwechseln, falls sie zur gleichen Zeit sprechen wollen. Wenn die anderen Kinder Benjamin nicht freiwillig den Vortritt lassen, dann wird er ihren Unterbrechungen ausgesetzt sein. Er wird auch einem Zeitdruck ausgesetzt sein, denn sie werden ihm durch Körpersprache oder mit Worten zu verstehen geben, daß er sich beeilen soll. Wenn die anderen Kinder dazu gezwungen werden, Benjamin zuerst sprechen zu lassen, dann werden sie ihm vielleicht zeigen, daß ihnen das nicht gefällt. »Das ist nicht fair«, werden sie vielleicht sagen, »du darfst immer der erste sein, weil du stotterst«. Darin liegt die Gefahr, daß Benjamin sich seines Stotterns bewußt oder mehr bewußt wird. Das würde einen viel größeren emotionalen Schaden anrichten, als wenn er warten muß, bis er dran ist. Sich abwechseln ist fair, auch wenn das Warten unbefriedigend ist.

Typische Wettbewerbs-Situationen

Manchmal erzählen mir Mütter, daß die Kinder so voller Neuigkeiten stecken, wenn sie nach Hause kommen, daß alle auf einmal reden. Sie neigen auch dazu, gleichzeitig zu reden, wenn sie das gleiche Erlebnis hatten. Vielleicht haben sie etwas Lustiges

Therapieschritt 5: Aufmerksamkeit schenken

im Fernsehen gesehen, eine Spinne im Bad oder einen Unfall. Vielleicht wurden sie zum gleichen Fest eingeladen – was immer es auch sein mag, jeder will der erste sein, der den Eltern die Neuigkeit erzählt. Bei solchen Gelegenheiten müssen Benjamins Eltern ihm zu Hilfe kommen und ihn aus einer bedrohlichen Situation befreien.

Ein Wettbewerb um die Gelegenheit zu sprechen kann auch dann entstehen, wenn einer nach dem anderen redet, aber mehrere Zuhörer darauf warten, daß der Sprecher aufhört zu reden, damit sie statt dessen sprechen können. In die erste Pause, die entsteht, wird jemand schnell hineinspringen, um etwas zu sagen, auch wenn der ursprüngliche Sprecher mit dem, was er sagen wollte, noch nicht zu Ende gekommen ist.

Die Mahlzeiten, bei denen die Familie gewöhnlich zusammenkommt, können für Benjamin schwierig sein. Wenn jeder andere es genießt, seine Neuigkeiten und Ansichten vor einer gebannten Zuhörerschaft zur Schau stellen zu können, wird es Benjamin möglicherweise bewußt, daß er nicht so sprechen kann wie der Rest der Familie, besonders dann, wenn er völlig übergangen wird. Einer gesprächigen Familie, die eine lebhafte Diskussion führt, möglicherweise beim Essen um den Tisch sitzt, kann es durchaus passieren, daß sie gar nicht bemerkt, daß Benjamin während des ganzen Essens keine Chance zum Reden bekommen hat. Keine Pause war lang genug, daß er sich hätte einbringen können. Falls er versucht hat zu sprechen, kam er wahrscheinlich über ein anfängliches Stottern nicht hinaus, das dem Rest der Familie unbemerkt geblieben ist. Eine Familiendiskussion kann das Reden für Benjamin immer schwierig machen, wenn man ihm nicht genügend Zeit zum Reden gibt; man sollte ihn daher möglichst nicht in eine derartige Situation bringen. Es gibt andere Familienmitglieder, die in das Gespräch einsteigen können, indem sie einfach schnell hineinspringen, und gewöhnlich sind es die lautesten und schnellsten Kinder, die zuerst die Aufmerksamkeit erlangen. Die Eltern sollten darauf achten; sie sollten sich auch ihrer eigenen Sprechgewohnheiten bewußt sein und vermeiden, sich von den Meinungen oder Problemen der Erwachsenen hinreißen zu lassen, die dann zuviel Zeit in Anspruch nehmen.

Die Durchführung der Präventiv-Therapie macht es erforderlich, daß Benjamin seinen fairen Zeitanteil bekommt, wenn die Familie miteinander im Gespräch ist. Er braucht nicht mehr Zeit, als ihm zusteht, aber er sollte genügend Zeit haben, um seinen Beitrag zu leisten, so daß er sich nicht ausgeschlossen fühlt. Er muß wissen, daß er genügend Zeit zum Sprechen hat – selbst wenn er lieber schweigt als redet, so wird er doch wissen, daß er die Möglichkeit zum Sprechen gehabt hat. Ich will damit nicht sagen, daß er eine feste Redezeit bekommen soll, sondern daß es Unterbrechungen in der allgemeinen Unterhaltung geben muß, in denen die Familie Benjamin die Gelegenheit zum Sprechen gibt, indem sie selbst still ist.

Therapieschritt 5: Aufmerksamkeit schenken

Von einer Mutter erfuhr ich, daß sie verwirrt war, weil ihr kleiner Sohn Gerd am Abend und an den Wochenenden immer stärker stotterte als in der übrigen Zeit. »Es ist merkwürdig«, sagte sie, »sobald die anderen Kinder von der Schule nach Hause kommen, fängt er an zu stottern. Es kann nicht deren Schuld sein, weil sie ihn weder ›korrigieren‹ noch von seinem Stottern überhaupt Notiz nehmen.« Dennoch mußte Gerds Stottern mit der Anwesenheit der anderen Kinder in Verbindung gebracht werden. »Reden die anderen Kinder sehr viel?« fragte ich. »Oh! Sie hören gar nicht auf«, sagte sie, »sie reden die ganze Zeit.« Gerd stotterte kaum, wenn sie in der Schule waren; aber abends und an den Wochenenden, wenn sie zu Hause waren, mußte er mit ihnen um eine Chance zum Reden wetteifern – das beeinflußte offensichtlich sein Stottern.

Man kann in keiner Familie den Wetteifer um das Reden gänzlich vermeiden, vor allem dann nicht, wenn noch andere Kinder da sind. Wenn sich die Eltern jedoch darüber im klaren sind, daß es einen Wettbewerb gibt, dann können sie diesen auch weitgehend kontrollieren. Dadurch kann der Druck auf Benjamin sehr stark reduziert oder sogar ausgeräumt werden. Häufig einigen sich die Familienmitglieder darauf, daß sie Benjamin zuerst reden lassen. Wenn das nicht geht, dann stellen die Eltern sicher, daß ihre Kinder nicht zur gleichen Zeit sprechen und sich in der Reihenfolge abwechseln, so daß jeder einmal als erster reden kann. Jede Familie hat eine andere Methode, um das Problem zu lösen, und was für die eine Familie günstig ist, muß für die andere Familie nicht passen.

■ Präventiv-Therapie Teil I

Therapieschritt 6: Aussprache und Grammatik nicht korrigieren

Stottern tritt am häufigsten genau zu dem Zeitpunkt auf, an dem die Sprachentwicklung eines Kindes ihren Höhepunkt erreicht. Das ist sicher kein Zufall. In dem gleichen Maße, wie sich der Gebrauch der Sprache entwickelt, benutzt das Kind auch mehr Laute, mehr Worte, längere Worte und längere Sätze. Darüber hinaus ist es die ganze Zeit über bemüht, seine neuen Wörter richtig zu gebrauchen und sie in die richtige Reihenfolge zu bringen. Es eignet sich eine seiner wichtigsten Fähigkeiten an, nämlich den Gebrauch der Sprache. Da es so viel zu lernen und zu reproduzieren gibt, ist es naheliegend, daß das Kind in diesem Prozeß viele seiner Wörter anders aussprechen wird als Erwachsene, daß es kürzere Sätze bildet und eine andere grammatikalische Konstruktion benutzt als die Erwachsenen. Es ist auch klar, daß häufig ganz normales nicht-flüssiges Sprechen auftreten wird, weil das Kind hundertmal täglich einen ständig anwachsenden Wortschatz und eine Flut von Wörtern gebraucht. Darum überrascht es auch nicht, daß nicht-flüssiges Sprechen eher die Regel als die Ausnahme darstellt.

Innerhalb dieses Zeitraums, in dem das Kind seine Muttersprache erlernt, ist es wichtig, daß es ein gutes sprachliches Umfeld vorfindet, das viel Anregung zum Sprechen bietet, und zwar in einer Weise, die es verstehen und nachahmen kann. Es sollte die Sprache nach seinem eigenen Rhythmus lernen dürfen, ohne daß man von ihm erwartet, bestimmte Laute hervorzubringen, bestimmte Wörter zu sagen und sie in eine bestimmte Reihenfolge zu bringen. Gewöhnlich entwickeln sich Sprechen und Sprache spontan – vorausgesetzt, das Kind hört in ausreichendem Maße eine einfache Sprache, und ihm bietet sich eine warme und liebevolle Umgebung, in der es gerne spricht.

Genau in diesem Zeitraum kann jedoch nicht-flüssiges Sprechen so häufig auftreten, daß Sie sich fragen werden, ob das Kind stottert oder nicht. Wenn Sie den Verdacht haben, daß sich ein Stottern entwickelt, oder wenn Sie sich beinahe oder ganz sicher

Therapieschritt 6: Aussprache und Grammatik nicht korrigieren

sind, ist es äußerst wichtig, daß die Aufmerksamkeit des Kindes unter keinen Umständen auf sein Sprechen gelenkt wird. Selbst wenn Eltern Benjamin nicht auf sein Stottern aufmerksam machen, lenken sie möglicherweise auf andere Weise die Aufmerksamkeit auf sein Sprechen. Er wird auf sein *Sprechen* aufmerksam, und so wird er sich vielleicht seines Stotterns bewußt. Wenn seine Aufmerksamkeit auf Abweichungen in seiner Aussprache und Grammatik gelenkt ist, wird er sich beim Sprechen anstrengen. Wenn wir also die Präventiv-Therapie anwenden, muß man einem Kind, das stottert, *erlauben, ohne Korrektur seiner Aussprache und Grammatik zu sprechen.*

Was können Sie tun, um diesen Teil der Therapie in die Praxis umzusetzen?

Durch alles, was Benjamins Aufmerksamkeit auf sein Sprechen lenkt, sei es Ihr Handeln oder Reden, wird er sich mit der Zeit seines nicht-flüssigen Sprechens bewußt.

Wenn ein Kind die ersten Worte spricht, sind seine Eltern entzückt, ungeachtet der Tatsache, daß es diese nicht richtig ausspricht. Wenn es zum Beispiel auf eine Katze zeigt und »Tate« sagt, werden seine Eltern ausrufen: »Er hat Katze gesagt!« Später jedoch, wenn seine Eltern der Meinung sind, daß er die Wörter richtig aussprechen sollte, werden sie sagen: »Sage nicht ›tate‹, sage ›Katze‹.« Diese Eltern berücksichtigen nicht die Tatsache, daß Benjamin, solange er den Laut »k« noch nicht entwickelt hat, unfähig ist, »Katze« zu sagen, so daß sie etwas Unmögliches erwarten. Benjamin wird in den ersten Jahren mehrere Laute durch solche ersetzen, die er bereits beherrscht. Deshalb wird er zum Beispiel anstatt »Ich kann schon Dreirad fahren« sagen: »Ich tan son Reirad fahren.« Er spricht die Wörter auf seine eigene Weise aus. Benjamins Stottern wird sicher nicht ungünstig beeinflußt, wenn Sie gelegentlich seine falsch ausgesprochenen Wörter korrekt wiederholen. Wenn er zum Beispiel »tate« sagt, könnten Sie einfach sagen: »Ja, das ist eine Katze.« Wenn er sagt »Nane«, könnten Sie sagen: »Ja, du bekommst eine Banane.« Diese Erwiderungen beinhalten keine Aufforderung, die Wörter

»richtig« auszusprechen, sie sind nur ein Impuls, den er aufgreifen wird, wenn er soweit ist.

Ähnliches gilt auch dann, wenn Benjamins Satzkonstruktionen noch unreif sind: Seine Bemühungen sollten nicht korrigiert werden; verändern Sie seine Sätze nicht, indem Sie versuchen, sie in eine erwachsene Form zu bringen. Man sollte auch Fortschritten nicht mit Begeisterung begegnen, weil Benjamin sonst das Gefühl bekommt, daß ein hoher Standard im Sprechen äußerst wichtig ist. Seine Sprache wird weitgehend von den Sprachvorbildern in seiner Umgebung beeinflußt. Sie sollten deshalb rasche Themenwechsel vermeiden, die ihn verwirren würden. Auch Sprechmuster, die zu komplex sind, und ein ständiger Wortfluß sollten vermieden werden, weil Benjamin sonst das Gefühl haben könnte, daß er Sie nachahmen sollte. Das Unvermögen würde ihn zurückhaltender machen als im allgemeinen üblich.

Keine langen Sätze und keine Korrektur der Grammatik

Ein Satz wie der folgende: »Papa kommt um sechs Uhr nach Hause, und wir müssen bis dahin fertig sein, weil wir alle zusammen wegfahren wollen, sobald er da ist«, ist viel zu lang und kompliziert. Eine angemessenere Form wäre vielleicht: »Wir müssen uns jetzt fertigmachen; wir wollen mit Papa noch weggehen.« Sogar das verkürzte »Mach dich fertig, wir gehen weg« wäre vorzuziehen, wenn Benjamin das besser versteht. Er braucht Sprachvorbilder, die seiner eigenen Sprachentwicklung entsprechen, so daß Sprache ihm als etwas Einfaches erscheint, nicht als etwas, das unerreichbar ist.

Benjamins Sätze werden grammatikalisch nicht korrekt sein. Wie bei der Aussprache der Wörter neigen die Eltern auch hier dazu, Irrtümer beim kleinen Kind zu erwarten; wenn es jedoch älter wird, sind sie der Meinung, daß es Hilfe braucht beim Gebrauch der richtigen Wörter und der Herstellung der richtigen Reihenfolge. Wenn Benjamin sagt: »Ich fort gehe«, werden seine Eltern sagen: »Nicht, ich fort gehe – ich gehe fort.« Wenn er sagt: »Wo Papa hin?« erhält er die Erwiderung: »Nicht, wo Papa hin,

Therapieschritt 6: Aussprache und Grammatik nicht korrigieren

wo *geht* Papa hin?« Während die Präventiv-Therapie angewandt wird, darf die Grammatik nicht korrigiert werden, denn eine solche Korrektur stellt einen Sprechdruck dar.

Das Verbessern der Grammatik ist für Eltern etwas derart Natürliches, daß sie es womöglich tun, ohne nachzudenken, obwohl sie gar nicht die Absicht hatten. In einem solchen Falle kann es eine Woche oder zwei dauern, bis man sich angewöhnt hat, die Grammatik nicht zu beachten. Benjamin muß angstfrei sprechen können, deshalb darf sein Sprechen nicht korrigiert werden. Er braucht das Gefühl, daß Sprechen leicht und ohne Anstrengung geschieht, und er muß sich *zu jeder Zeit* frei genug fühlen, sich so viel Zeit zu nehmen, wie er braucht, um seine Gedanken zu ordnen und sich zu entscheiden, welche Wörter er benutzen möchte. Für ein Kind ist es viel wichtiger, Freude am Sprechen zu haben, als die richtige Aussprache zu beherrschen oder die richtige Grammatik. Seien Sie deshalb nachsichtig mit der Sprache Ihres Kindes.

■ Präventiv-Therapie Teil I

Wie Sie mit einem zusätzlichen Sprechproblem fertig werden

Es kommt gelegentlich vor, daß ein Kind zwei verschiedene Sprechprobleme hat: das Stottern und noch ein zusätzliches. Da stellt sich die Frage, ob diese zweite Störung therapiert werden soll. Jede direkte Sprachtherapie (im Gegensatz zur indirekten Therapie wie Spielen mit dem Kind oder Therapie durch die Eltern in Form einer Beratung) wird das Kind auf sein Sprechen aufmerksam machen und damit einen Sprechdruck darstellen, der das Stottern verstärken könnte. Wenn das Kind nach der Methode der Präventiv-Therapie behandelt wird, ist es wünschenswert, daß es neun Monate lang symptomfrei ist, bevor man mit einer anderen Sprachbehandlung beginnt. Diese Ansicht leitet sich aus der Tatsache ab, daß ein Kind, das sein Stottern nicht aufgibt, ein Problem haben wird, das sein ganzes Leben lang andauert. Und daß diese Schwäche ausreichen kann und oft tatsächlich ausreicht, um seine ganze Zukunft zu zerstören. Es kann durch seine Sprechangst so stark gebunden werden, daß es, je älter es wird, immer mehr die Menschen meidet, gewisse Situationen meidet, sich minderwertig fühlt gegenüber anderen Menschen und wünscht, wie es bei vielen Erwachsenen der Fall ist, daß es eine angemessene Hilfe erfahren hätte, als es klein war.

In der Klinik, in der ich arbeite, stellen wir die Therapie anderer Sprachprobleme so lange zurück, bis das Kind neun Monate lang stotterfrei war und es sich abzeichnet, daß es so ganz gut funktioniert. Das bedeutet nur, daß ein Kind, dessen Sprechen nicht immer leicht verstanden werden kann, oder dessen Sprache leichte Fehler aufweist, etwa ein Jahr auf eine zweite spezifische Behandlung wartet. Die Folge davon ist lediglich, daß es sein zweites Problem erst mit sechs oder sieben Jahren verliert anstatt mit fünf Jahren. Das ist ein geringer Preis, verglichen mit der Aussicht, ein Leben lang zu stottern.

Manchmal ist diese zweite Sprachstörung ernsthaft und erfordert eine sofortige und langfristige Behandlung. In solchen Fällen wird der Sprachtherapeut nach einer sorgfältigen und detaillierten Diagnostik in der Lage sein, ein fachliches Urteil darüber abzugeben, wo die Prioritäten liegen und welcher Weg einzuschlagen ist. Stottern kann auch durch eine zweite Sprachstörung *hervorgerufen* werden. Wenn das Kind durch dieses zweite Problem unter emotionalen Druck gerät, kann das Stottern daraus resultieren. Wird die zweite Störung behandelt und vermindert, verringert sich dadurch der Sprechdruck und indirekt auch das Stottern.

Eine kleine Erfolgsbilanz

Wir sind jetzt am Ende des Überblicks und der Diskussion über die sechs spezifischen Drucksituationen, die sich auf Benjamins Sprechen auswirken können, angekommen. Wenn Sie die Präventiv-Therapie in der beschriebenen Weise in die Praxis umgesetzt haben, bin ich sicher, daß eine enorme Veränderung in Benjamins Sprechen stattgefunden hat und daß das Stottern wahrscheinlich überwunden ist. Sie sollten sich jedoch daran erinnern, daß das gesamte Therapie-Programm drei Monate bis ein Jahr in Anspruch nimmt, je nachdem, wieviel Zeit Sie benötigen, um die Drucksituationen abzubauen, und je nachdem, wie schnell Benjamin darauf reagiert.

Bei Erfolg zurück zur Normalität

Einige Wochen nachdem Benjamins Stottern überwunden oder beinahe überwunden ist (wenn er zum Beispiel nur sehr kurz bei ein, zwei Wörtern pro Woche stottert und es ihm nichts ausmacht, wenn das Stottern auftritt), wird es Zeit, zur Normalität zurückzukehren. Jedes Kind wird Situationen ausgesetzt, die einen Druck auf sein Sprechen darstellen, und es wird jetzt Zeit für Benjamin, daß er genauso behandelt wird wie die anderen Kinder – er muß wieder an den Druck gewöhnt werden.

Die Rückkehr zur Normalität bedeutet, daß wir die sechs Sprechdrucksituationen wieder einführen, aber dosiert und eine nach der anderen. Ich schlage vor, daß Sie das in der gleichen Reihenfolge tun, in der Sie den Druck verringert haben. Eine Warnung möchte ich jedoch vorausschicken: Bauen Sie keine Drucksituation auf, die in irgendeiner Form das Stottern wieder hervorruft. Sie können damit beginnen, daß Sie Benjamin gelegentlich eine Frage stellen; wenn alles gut geht, steigern Sie die Zahl der Fragen, bis Sie das Gefühl haben, daß ein normales Maß erreicht ist. Denken Sie daran, daß jede *plötzliche* Veränderung in Benjamins Umgebung ihn verwirren oder beunruhigen kann. Deshalb braucht er viel Zeit, um mit irgendwelchen Veränderungen klarzukommen. Vielleicht sollte man der Wiedereinführung jedes einzelnen Sprechdrucks einen Zeitraum von ungefähr zwei Wochen widmen, aber Sie können auch langsamer vorgehen, wenn zwei Wochen für Benjamin zu kurz erscheinen.

Wenn Sie das Fragenstellen wieder eingeführt haben, beginnen Sie damit, Benjamin wieder zum Sprechen aufzufordern. Das sollte ganz allmählich aufgebaut werden, bis es Ihnen ganz natürlich erscheint. Wenn Benjamin weiterhin kein Anzeichen von Stottern als Reaktion auf das zeigt, was Sie tun, sollten Sie ihn jetzt gelegentlich unterbrechen und ihn von Zeit zu Zeit wissen lassen, daß es Ihnen nicht gefällt, wenn er Sie unterbricht. Wenn es an der Zeit ist, sollten Sie ebenso die anderen Drucksituationen wieder einführen; Sie sollten vor allem Benjamin nicht immer die volle Aufmerksamkeit schenken, die er sucht, wenn er mit Ihnen spricht. Lassen Sie einen gewissen Wettbewerb zu, wenn es darum geht, das Wort zu ergreifen, und korrigieren Sie gelegentlich seine Aussprache und seine Grammatik, wenn Sie es für notwendig und hilfreich erachten. Wenn Sie diese sechs Drucksituationen erneut einführen, sollten Sie unbedingt darauf achten, ob sie in irgendeiner Weise von neuem Stottern hervorrufen. In einem solchen Fall ist es notwendig, diese Situationen so lange zurückzustellen, bis Sie kein Stottern mehr verursachen. Man darf auch nicht vergessen, daß wir alle normalerweise nicht-flüssig sprechen. Wenn Benjamin sein Stottern überwunden hat, wird er dennoch gelegentlich Silben, Wörter oder Sätze wiederholen, aber diese normalen nichtflüssigen Momente sind immer vollständig frei von Spannung und Angst.

Wenn die sechs Sprechdrucksituationen wieder eingeführt sind und ein Maß erreicht haben, das Ihrer familiären Situation entspricht, und wenn das Stottern nicht wieder aufgetreten ist, dann ist die Zeit gekommen, daß Sie nicht mehr an das Sprechen denken und an all die Anstrengungen, die Sie für Benjamin auf sich genommen haben. Um den Normalzustand wieder zu erreichen, werden Sie schätzungsweise drei Monate brauchen. Nach weiteren sechs Monaten, in denen das Stottern nicht mehr aufgetreten ist, können Sie davon ausgehen, daß es völlig überwunden ist – abgesehen von ganz außergewöhnlichen Umständen, die sich in der Zukunft ergeben.

Was tun, wenn Benjamin immer noch stottert?

Wenn Benjamin sein Stottern *noch* nicht überwunden hat und Sie deshalb die sechs Sprechdrucksituationen noch nicht wiedereingeführt haben, besteht die Möglichkeit, daß weitere Belastungen vorhanden sind. Diese würden demnach sein Sprechen *indirekt* belasten. Darüber wollen wir im folgenden nachdenken.

Präventiv-Therapie Teil II

Situationen, in denen indirekt Druck auf das Sprechen ausgeübt wird

In diesem Teil der Therapie geht es darum, die eigenen Gefühle, Gedanken und Wertvorstellungen kritisch zu hinterfragen, um Lösungen für all jene Situationen zu finden, in denen indirekter Druck auf das Sprechen des Kindes ausgeübt wird.

■ **Präventiv-Therapie Teil II**

Erwartungen und aufregende Ereignisse

Es kann nicht Absicht dieses Buches sein, Eltern einen Rat zu geben, wie sie ihr Kind erziehen sollen. Alle Vorschläge, die gemacht werden, beziehen sich nur darauf, wie flüssiges Sprechen direkt oder indirekt beeinflußt werden kann. Wenn Eltern zu mir in die Klinik kommen, reden wir über die gleichen Dinge, die Sie in diesem Buch nachlesen können. Im Verlaufe unserer Treffen tauchen jedoch oft auch andere Themen auf, und wir reden dann darüber. Dabei handelt es sich im wesentlichen um die vier folgenden Themen, die in diesem und den folgenden Kapiteln besprochen werden:

- Erwartungen, die Eltern an ihr Kind haben,
- Erziehungsmaßnahmen, die sie anwenden,
- Drucksituationen, die zusätzlich zu den genannten auftreten,
- Fragen, die die Eltern stellen.

Falls Benjamin dauerhaft frustriert oder verunsichert wird, läßt sein Stottern möglicherweise nicht nach, obgleich durch die bisher beschriebenen Methoden die spezifischen Drucksituationen ausgeschaltet wurden. Man kann von einem Kind, das zum Beispiel häufig überreizt und aufgeregt ist, oder von einem Kind, das ständige Selbstzweifel hat oder sich oft fürchtet oder oft gekränkt wird, nicht erwarten, daß es flüssig spricht. Alle diese Gefühle sind dazu geeignet, das flüssige Sprechen zu stören. Sie rufen Stottern hervor, insbesondere dann, wenn Benjamin spricht, während er sich in einem solchen emotionalen Zustand befindet. Drucksituationen, die sich auf Benjamins Gefühle nachteilig auswirken, werden sein Sprechen indirekt beeinflussen. Seine Gefühle werden zum Teil von den Erwartungen beeinflußt, die Sie an ihn richten.

Denken Sie daran, daß die Therapie des »Nicht-negativ-auf-das-Stottern-Reagierens« und die eigentliche Beseitigung der sechs speziellen Drucksituationen immer noch wirksam sein sollten. Hinzu kommt, daß die *Erwartungen, die Sie Ihrem Kind gegenüber haben, realistisch und vernünftig sein sollten.*

Benjamin braucht Ermutigung; sie wird ihm helfen, etwas zu leisten, und seine Leistungen werden sein Selbstbewußtsein stärken, und dieses wiederum wird wahrscheinlich sein Stottern vermindern. Dennoch gibt es Enttäuschungen, wenn Eltern weiterhin von ihrem Kind Dinge erwarten, die es noch nicht leisten kann, oder wenn sie in ihren Forderungen unrealistisch sind.

Die Bedeutung realistischer Erwartungen

Wenn Ihre Erwartungen zu hoch sind, wird Benjamin an sich selbst zu zweifeln beginnen. Deshalb sollten sich Ihre Erwartungen im Rahmen dessen bewegen, was Benjamin leisten kann, und ihm nicht das Gefühl geben, daß er unfähig ist, sie zu erfüllen. Perfektionismus sollte vermieden werden, weil dieser nur Druck erzeugt und dem Kind das Gefühl gibt, daß es nie gut genug ist. Eltern, die permanent unzufrieden sind mit dem, was ihre Kinder zu leisten vermögen, sind vermutlich selbst unsicher. Sie sollten ihre eigenen Motive verstehen. Falls *sie* versagt haben, versuchen sie möglicherweise durch ihre Kinder das zu erreichen, von dem sie glauben, daß sie es für sich selbst nicht erreicht haben.

Kinder leiden unter unzähligen unnötigen Enttäuschungen, wenn Eltern zu große Erwartungen an ihr Verhalten haben. »Jungen weinen nicht«, sagen sie zu einem Jungen, der weint, oder: »Sei kein Baby«. – »Mach dich nicht schmutzig«, sagen sie zu einem Kind, das Freude am Spielen hat. »Ein Kind in deinem Alter sollte keine solche Unordnung machen.« Solche Bemerkungen können Benjamin gewaltig frustrieren, weil er nichts dabei findet, zu weinen oder sich schmutzig zu machen. Möglicherweise erwartet man von ihm, daß er die verschiedensten Aufgaben bewältigt, vom Schuhe binden bis zum Aufpassen auf ein kleineres Kind. Auf der anderen Seite wird er frustriert sein, wenn er nicht solche Aufgaben übernehmen darf, die er glaubt meistern zu können. »Du kannst das Geschirr nicht abwaschen«, sagt seine Mutter vielleicht, »du bist zu klein, du wirst etwas kaputt machen«, oder: »Laß mich deine Knöpfe zumachen, das kannst du noch nicht.«

Präventiv-Therapie Teil II

Aufbauende Gespräche statt Frustrationen

Wenn solche Differenzen auftreten, sollte man mit Benjamin über sein Verhalten *reden*, damit er versteht, wie Sie empfinden, und damit Sie seine Gefühle kennen. Auf diese Weise können Meinungsverschiedenheiten ausgeräumt werden. Sie könnten sich vielleicht darauf einigen, daß Jungen sich ebenso Tränen leisten dürfen wie Mädchen und daß man alte Kleider anziehen sollte, in denen man sich schmutzig machen darf. Viele Probleme können durch Gespräche beseitigt werden, und es ist viel befriedigender für ein Kind, seine Meinung sagen zu dürfen, anstatt Befehlen ohne weitere Erklärungen gehorchen zu müssen.

Manchmal scheint es so, als ob Eltern von ihren Kindern erwarten, ein Muster für gutes Benehmen zu sein. Man erwartet von ihnen, daß sie in einem Spielwarenladen nichts anfassen, daß sie still sitzen, wenn man ihnen das sagt, daß sie essen, was man ihnen vorsetzt, daß sie tun, was man ihnen befiehlt, und daß sie Haushaltsgegenstände da lassen, wo sie hingehören. Offensichtlich müssen Kinder lernen, was sozial akzeptabel ist und was nicht. Manchmal werden ihnen jedoch die harmlosesten Aktivitäten untersagt, oft genug nur um der lieben Ordnung willen. Eine peinible Mutter wird ihr Kind auffordern, die Kissen auf das Sofa zurückzulegen, wenn es gerade am Boden einen Zug damit gebaut hat. Eine kleinliche Mutter wird ihm verbieten, mit der Zuckerdose zu spielen, wenn es gerade damit beschäftigt ist, Zuckerburgen zu bauen. Benjamin hat das Gefühl, daß sie *immer* sagt »Mach das nicht«, »Faß das nicht an«. Es scheint so, als ob sie nicht nur möchte, daß die Dinge unberührt und aufgeräumt bleiben, sondern daß auch alles ständig sauber sein soll – saubere Hände, sauberes Gesicht, saubere Knie, saubere Kleider. Viele kleine Frustrationen zusammengenommen können für ein Kind zu einem frustrierenden Leben werden, und es handelt sich oft genug nur um Dinge, die völlig unwichtig sind. Wenn man einen heißen Ofen nicht anfassen soll, ist das eine Sache, wenn man ein Kissen nicht anfassen soll, eine ganz andere. Wenn Sie die Präventiv-Therapie anwenden, ist es am besten, nicht so kleinlich zu sein und von Benjamin nicht mehr zu erwarten, als mit seinem Alter und seiner Entwicklung vereinbar ist.

Erwartungen und aufregende Ereignisse

Angemessene Maßstäbe setzen

Wenn Ihr Maßstab zu hoch ist, werden nicht nur sein Verhalten, sondern auch seine Leistungen darunter leiden: »Das ist ein komischer Mann, den du da gemalt hast, seine Arme sind länger als seine Beine.« – »Du solltest dich mehr anstrengen.« – »Petra hat keine Angst vor der Nacht, und sie ist noch ein Baby.« – »Du kannst es, wenn du nur nachdenkst.« – »Das kann nicht sehr weh tun, es ist nur ein Kratzer.« – »Du konntest es mir vorlesen, dann solltest du es auch Oma vorlesen können« usw. Kinder fühlen sich auch unzulänglich, wenn sie mit ihren Geschwistern und den Nachbarskindern verglichen werden oder mit dem, was die Nachbarn über ihre Kinder sagen und verbreiten. Es gibt oft ein Nachbarskind, das für schneller und klüger als alle anderen gehalten wird.

Alles, was dazu führt, daß sich Benjamin schämt, oder alles, was ihm das Gefühl gibt, daß er seine Eltern enttäuscht hat, wird ihn so frustrieren, daß sich das Stottern verschlimmert. Wenn Sie etwas von Benjamin erwarten, sollten Sie sich zuerst fragen, ob er es überhaupt tun kann oder ob Sie gar mehr von ihm erwarten, als er bewältigen kann. Wir leben in einer Wettbewerbsstruktur, deshalb wollen wir, daß unsere Kinder so gut sind wie andere Kinder, wenn möglich sogar noch besser. Wir wollen, daß sie glänzen und gewinnen. Wir wollen, daß sie einen guten Eindruck hinterlassen. Um ihnen einen guten Start zu sichern, zwingen viele Eltern ihre Kinder ständig, irgendwelche Leistungen zu erbringen. Das kann bei einigen Kindern durchaus angemessen sein; ein Kind aber, das die gesteckten Ziele nicht erreichen kann, wird sich als Versager fühlen, und seine Eltern werden enttäuscht sein.

Fallbeispiel

Karl

Eines Tages kam ein erfolgreicher Geschäftsmann in die Klinik, zusammen mit seiner Frau und seinem Sohn. »Karl stottert«, sagte er, »und oft spricht er Wörter so undeutlich aus, daß wir nicht wissen, was er sagt. Ich möchte, daß er von beidem geheilt wird. Ich habe meinen Weg gemacht, ich habe hart gearbeitet, und das gleiche erwarte ich von Karl. Er wird nie Erfolg haben, wenn er nicht ordentlich sprechen kann. Ich habe große akademische Erwartungen an ihn.« Karl war drei Jahre und neun Monate alt! Dieser Vater mußte möglicherweise hierher kommen, um zu begreifen, daß es unreif ist, wenn man über akademische Erwartungen nachdenkt, noch bevor das Kind überhaupt in die Schule geht. Zum Glück konnte Karl beide Sprachprobleme überwinden, so daß er wenigstens flüssig sprechen und seine Wörter deutlich aussprechen wird, auch wenn er unter väterlichem Druck aufwächst. Der Umgang mit Karls Stottern war Sache der Mutter, da sein Vater es für »Frauenarbeit« hielt; sie ging bewundernswert damit um, indem sie sicherstellte, daß alle Drucksituationen beseitigt wurden – das Ergebnis war großartig.

Das Überwinden von Erlebnissen, die Angst machen

Manchmal sieht es so aus, als ob ein Kind das Stottern aufgegeben hat. Vielleicht hat es bereits seit ein paar Monaten überhaupt nicht mehr gestottert und erleidet nun einen schweren Schock und stottert wieder – möglicherweise sogar sehr stark. Wir dürfen nicht erwarten, daß Kinder, die erst ganz kurze Zeit flüssig gesprochen haben, unter derart traumatischen Bedingungen auch flüssig bleiben. Ein Kind, das gerade aufgehört hat zu stottern, kann grundsätzlich wieder damit anfangen. Deshalb sollte alles, wovor sich Benjamin fürchtet, so weit wie möglich vermieden werden. Vielleicht fürchtet er sich ein wenig vor bestimmten Aktivitäten, wie Baden im See oder Fahrradfahren oder vor dem Streicheln eines Hundes. Vielleicht fürchtet er sich vor bestimmten Leuten oder aufregenden Geschichten oder Fernsehprogrammen. Vielleicht fürchtet er sich davor, allein gelassen zu werden oder bei geschlossener Zimmertür zu schlafen oder ohne Licht ins Bett zu gehen. Diese kleinen Ängste können gewöhnlich vermieden werden oder aber mit der Zeit und mit Geduld überwunden werden, allerdings ohne daß man sich über sie lustig macht. Erfahrungen, die das Kind wirklich erschrecken, kann man ihm nicht so leicht ersparen. Dabei handelt es sich gewöhnlich um Ereignisse, die ohne Vorwarnung auftreten.

Fallbeispiel

Michael

Der kleine Michael, der erst seit kurzem die Schule besuchte, kam plötzlich auf die Idee, nach Hause gehen zu wollen. Er kannte sich in dem großen Gebäude nicht aus und wanderte durch die langen Flure, bevor er durch eine Türe an der Rückseite hinausfand. Draußen war eine belebte Straße. Irgendwie gelang es Michael, auf eine Verkehrsinsel inmitten der Straße zu kommen, aber er kam nicht mehr herunter, weil die Autos in beiden Richtungen an ihm vorbeirasten. Er wurde gerettet, aber der Schock hatte ihm die Sprache verschlagen. Als er wieder zu sprechen begann, war das Stottern wieder da.

Wie Sie starke Aufregung vermeiden können

Extreme Aufregung sollte ebenfalls vermieden werden, weil auch sie für ein erneutes Stottern verantwortlich sein kann. Es war Weihnachten, und Stefan erwartete nicht besonders viele Geschenke. Er lebte allein mit seiner Mutter, und sie hatte finanzielle Probleme. In diesem Jahr beschloß die Mutter, Weihnachten besonders schön zu feiern, um Stefan für die letzten Jahre zu entschädigen, in denen sie nicht dazu in der Lage war. Sie sparte monatelang und kaufte ihm mehrere wunderschöne Geschenke. Ein Fahrrad, Fußballkleidung, einen Fußball, ein Cowboy-Kostüm und ein Radio, dazu kleinere Geschenke und Süßigkeiten. Stefan war schockiert. »Er stand nur da«, erzählte seine Mutter. »Er stand da mit offenem Mund und sagte kein Wort. Auch am nächsten Tag sprach er kaum. Am darauffolgenden Tag stotterte er wieder.« Starke emotionale Erlebnisse, auch erfreuliche, beeinflussen das Sprechen – damit sollten wir rechnen.

Soziale Situationen

Manche Eltern, die zu Hause das Stottern ertragen können, schämen sich, wenn Benjamin draußen stottert. Manchmal fühlen sie sich von ihrem Kind enttäuscht, manchmal haben sie das Gefühl, daß das Stottern ein Licht auf sie selbst wirft. Viele Eltern haben mir erzählt, daß das Stottern Ihres Kindes in der Öffentlichkeit sie in Verlegenheit bringt, zum Beispiel im Supermarkt oder im Bus. Sie haben das Gefühl, daß jeder, der sich in Hörweite befindet, dem Stottern des Kindes zuhört und die Eltern beurteilt. Eine verlegene Mutter sagte zu mir: »Es ist solch eine Enttäuschung. Die Kinder sind so intelligent. Sie sehen hübsch aus und sind gescheit. Wenn er dann stottert, ist es, als ob alles in sich zusammenfallen würde.«

Eine solche Aussage ist typisch für Eltern, die Angst vor einer sozialen Deklassierung haben. Leider gibt es auch etliche Menschen, die die Eltern eines stotternden Kindes als minderwertig betrachten. Hysterisch, unfähig und gestört sind nur einige Eigenschaften, die man betroffenen Familien zuordnet. Ich schlage vor, Benjamins Stottern in der Öffentlichkeit als ein gelegentliches und normales Vorkommnis zu betrachten und zu lernen, sich über negative Äußerungen und Verhaltensweisen hinwegzusetzen. Erklären Sie anderen die Ursachen des momentanen Stotterns, so gut es geht, und meiden Sie gegebenenfalls jene Situationen, die Sie nicht in den Griff bekommen.

Disziplin

Manche Eltern glauben, daß das Stottern ihres Kindes eine schlechte Gewohnheit sei, daß es damit aufhören könnte, wenn es nur wollte, und daß es absichtlich stottert, um sie zu ärgern. Diesen Eltern gebe ich folgenden Ratschlag: »Versuchen Sie einmal selbst, absichtlich zu stottern, und stellen Sie fest, ob Sie ebenso klug sind wie Ihr Kind.« Es ist unmöglich, ständig bei bestimmten Lauten zu stottern, mit einem bestimmten Maß an Spannung und auf ganz bestimmte Weise, wenn das Stottern nicht echt ist. Das Stottern entsteht auf einer tieferen Ebene des Bewußtseins als die bewußte Absicht. Es handelt sich hierbei nicht um eine freiwillige Handlung, selbst wenn es so scheinen mag. »Wenn Benjamin seinen Willen nicht bekommt, dann stottert er«, sagen Eltern manchmal. Es ist wahrscheinlicher, daß Benjamin seinen eigenen Weg nicht gehen darf, so daß er frustriert wird und diese *emotionale Frustration* dann sein Stottern verursacht. Wenn Sie davon ausgehen, daß Benjamin absichtlich stottert, laufen Sie Gefahr, negativ darauf zu reagieren. Möglicherweise tun Sie das durch irgendeine Form der Disziplinierung, doch sollte jede Disziplinierung, die das Sprechen betrifft, vermieden werden. Eine angemessene, generelle Ordnung wird jedoch die emotionalen Frustrationen verringern, die das Stottern verursachen.

Das Sprachproblem, das wir Stottern nennen, wurde nie ganz verstanden, und Versuche, durch Zwang etwas zu erreichen, waren nie erfolgreich. Im Mittelalter wurde Stottern als eine Störung der Persönlichkeit betrachtet; man glaubte, daß Leute, die darunter litten, vom Teufel besessen seien. Diesen »Besessenen« wurde ein widerliches Gebräu aus Knoblauch und Essig zu trinken gegeben, um sie zum Erbrechen zu bringen und dadurch den Teufel auszutreiben. So unglaublich dies heute scheint, ist es doch noch gar nicht sehr lange her, daß ein Kind für sein Stottern ins Gesicht geschlagen wurde und man ihm sagte, daß es nicht sprechen dürfe, bevor es nicht ordentlich sprechen könne. Verständnisvolle Eltern lehnen solche Praktiken in unserer Zeit kategorisch ab. Dennoch wird ein stotterndes Kind immer noch häufig für sein Stottern »bestraft«, obgleich keine bewußte Absicht dahintersteckt.

> **Wann bestrafe ich unbewußt?**
>
> Verspotten, ärgern und ungeduldiges Verhalten wirken allesamt bestrafend. Selbst Loben und Belohnen des flüssigen Sprechens sind indirekte Bestrafungen, weil damit ausgedrückt wird, daß flüssiges Sprechen erwünscht ist, das Stottern jedoch nicht.

Wie kommt man mit den eigenen Gefühlen zurecht?

Manchmal fühlen sich Eltern schuldig, weil ihre Kinder stottern. Sie nehmen an, daß sie in ihrer Erziehung etwas falsch gemacht haben. In Wahrheit ist es so, daß Stottern im besten Zuhause und in den vorbildlichsten Familien ebenso vorkommt wie in einem »schlechten« Zuhause. Insofern ist Stottern vergleichbar mit anderen Erziehungsproblemen, die unabhängig vom familiären Hintergrund auftreten und trotz heftigster Bemühungen der Eltern, sie zu vermeiden – denn nicht alle Kinder sind kleine Engel. Manchmal unterscheidet sich ein Kind in der Familie deutlich von den anderen, obgleich das Umfeld und die Erziehung beinahe identisch sind. Zuweilen ist dieses Kind extrem eifersüchtig auf einen Bruder oder eine Schwester, oder es verlangt in extremer Form nach Aufmerksamkeit und ist das schwarze Schaf der Familie. Selbst wenn die Eltern sich noch so vorbildlich verhalten – es ist launisch, zerstörerisch, trotzig, hitzig, eifersüchtig, anmaßend usw. und konfrontiert seine Eltern mit Problemen, die nur schwer zu bewältigen sind. Es muß Gründe geben für ein solches Verhalten, aber Erklärungen lassen sich nicht immer leicht (manchmal gar nicht) finden. Glücklicherweise erfahren solche Verhaltensweisen auch Unterbrechungen und treten sie in der Regel in Phasen auf, in die die Kinder eintreten und aus denen sie wieder herauswachsen. Zum Glück ist es auch so, daß wir unsere Kinder lieben, weil sie unsere Kinder sind und nicht, weil sie vollkommen sind.

Unannehmbares Verhalten von seiten Benjamins, mit dem man sich auseinandersetzen muß, sollte nie zu unannehmbarem Verhalten von seiten seiner Eltern führen – Benjamin sollte nie das Gefühl bekommen, daß er ungeliebt ist.

Benjamin braucht Ihre Liebe

Ein gutes Verhältnis zwischen Eltern und Kind zeichnet sich durch Liebe und Wärme aus und durch eine disziplinierte, konstante und sinnvolle Geradlinigkeit. Fehlende Ordnung, inkonsequente und unvernünftige Disziplinierung führen zu emotionalen Frustrationen, die Stottern verursachen oder verstärken.

Ein stotterndes Kind braucht eine liebevolle und warmherzige Beziehung zu seinen Eltern, die seine Bedürfnisse nach Sicherheit und Vertrauen verstärken. Diese Beziehung muß vor allem den Einfluß der Eltern auf Benjamins Sprechen berücksichtigen.

Warum Disziplinierungsversuche Benjamins Sprechen manchmal schaden können

Sicher weiß jeder, wie eine warme und liebevolle Beziehung aussehen soll; wenn ein Kind jedoch stottert, passiert es ganz leicht, daß diese Beziehung durch gedankenlose Bemerkungen zerstört wird. Statt dessen sollte man solche Bedingungen entwickeln und erhalten, in denen die Sprache des Kindes nie kritisiert wird und die Unterhaltung frei und spontan abläuft. Die Tendenz zum Stottern wächst generell durch Kritik am Sprechen. Bemerkungen wie »Sprich nicht so viel«, »Stell nicht so viele Fragen« und »Sei um Gottes willen still« wirken herabsetzend und verletzend.

Mißbilligung dessen, was Benjamin sagt, führt auch dazu, daß er zurückhaltend wird. Allerdings haben Eltern ihre eigenen Maßstäbe, und Benjamin muß begreifen, daß es Grenzen gibt. Es gibt zum Beispiel einige unschöne Wörter wie Flüche, die Sie ihm verbieten werden, aber es ist am besten, ihm so wenig Wörter wie möglich zu verbieten. Manchmal werden Wörter völlig grundlos tabuisiert. Vielleicht stören sich Eltern auch daran, daß ihr Kind Dialektwörter benutzt: »Sprich nicht so!«, sagen sie. Vielleicht macht das Kind auch eine Bemerkung wie: »Ich mag Oma nicht!« und sie erwidern: »Du sollst das nicht sagen.«

Keine Unterbrechungen

Oft mischen sich die Eltern ein, wenn ihre Kinder sprechen – ganz unabsichtlich oder nur um der lieben Norm willen. Die Kinder werden dadurch unsicher, ihre sprachlichen Bemühungen werden vorsichtig, und das Vertrauen in die eigenen Fähigkeiten läßt nach. Benjamin möchte gerne die Zustimmung seiner Eltern haben und legt deshalb Wert auf das, was sie sagen. Wenn der sprachliche Standard hoch ist, wird er versuchen, ihn zu erreichen. Wenn es ihm nicht gelingt, wird er sich gegen diesen Standard wehren, indem er Sprech-Situationen meidet – vor allem dann, wenn ihm seine Stottersymptome bereits unangenehm sind. Wenn er sprechen möchte, sich jedoch zur gleichen Zeit davor fürchtet, weil er damit rechnet zu versagen, entsteht ein Konflikt, der sein Sprechen zurückhaltender und weniger spontan macht.

In einer Umgebung, in der Liebe und Wärme fehlen, in der das Sprechen kritisiert und eingeschränkt wird, mag Benjamin sich als kleines Anhängsel seiner Familie fühlen – unbeachtet und ohne Selbstbewußtsein. Im Gegensatz dazu wird eine liebevolle und warme Umgebung ihm das Gefühl vermitteln, ein geachtetes und vollwertiges Mitglied seiner Familie zu sein. Wenn er nicht kritisiert wird, wenn er seine Wünsche frei äußern darf, wenn er seine emotionalen Ausbrüche zeigen darf, wenn seine Gefühle und Gedanken ausdrücken kann, ohne bestraft zu werden, dann ist ihm spontanes Sprechen möglich; und dieses geht Hand in Hand mit Selbstvertrauen und fördert flüssiges Sprechen.

In einer sprachlichen Umgebung, die im allgemeinen großzügig ist, kann man mit wenigen verbotenen Wörtern leicht umgehen, indem man das Verbot erklärt und sich dann strikt an die Abmachung hält.

Benjamin braucht das Gefühl der Sicherheit

Die Forderungen der Präventiv-Therapie bedeuten alle, daß Disziplinierung völlig reduziert wird, sofern es sich um das Sprechen handelt. Diese Maßnahme ist allerdings zeitlich begrenzt und wird zu einem späteren Zeitpunkt wieder zurückgenommen, nachdem das Stottern aufgehört hat (vgl. S. 85 f.). Ein stotterndes Kind gewinnt Sicherheit, wenn es weiß, daß sein Sprechen keine bedrohliche Situation heraufbeschwören wird, es wird jedoch an Sicherheit verlieren, wenn der ordnende Rahmen fehlt, der sein allgemeines Verhalten begrenzt.

Wir brauchen alle das Gefühl der Sicherheit; fehlt es, stehen wir unter Druck und fürchten uns vor dem, was uns zustoßen könnte. Das Wissen darum, daß wir Hilfsdienste anrufen können, wenn wir sie brauchen, daß wir einen Spargroschen auf der Bank haben, daß wir ein Haus haben, in dem wir wohnen können, daß wir genug zu essen haben usw., gibt uns ein gewisses Gefühl an Sicherheit. Wir fühlen uns auch sicherer, wenn wir erkennen, daß es in unserer Gesellschaft Regeln gibt, die unser Verhalten begrenzen – wird würden nicht ohne Verkehrsregeln fahren oder auf einem Tennisplatz ohne Begrenzungslinien spielen wollen.

Klare Regeln und Grenzen
Benjamin muß sich auch sicher fühlen, sicher in dem Wissen, daß es für sein Verhalten Grenzen gibt, Grenzen, die deutlich

machen, was erlaubt ist und was nicht. Er wird seinen Eltern vertrauen aufgrund der warmen und liebevollen Beziehung, und weil er ihnen vertraut, wird er verstehen lernen, daß diese notwendige Disziplin zu seinem Nutzen ist. Wenn ein Kind nicht in einem gewissen Maße diszipliniert ist, wird es nicht nur zu Hause Zerstörungen anrichten, es wird auch ohne innere Ordnung sein und von anderen Leuten mißachtet werden.

Kinder scheinen auf ein gewisses Maß an Disziplin bereitwillig zu reagieren. Damit ist nicht die heute überholte Vielzahl an Disziplinierungsmaßnahmen gemeint, die nur um ihrer selbst willen existierten, sondern die Disziplin, die deutlich macht, daß es Grenzen gibt, bis zu denen sie gehen können und daß sie mit Konsequenzen rechnen müssen, wenn sie diese überschreiten. Kinder müssen wissen, daß sie für ein bestimmtes Verhalten ihren Preis bezahlen müssen.

Eine derartige Disziplin ist wesentlich für eine geordnete Gesellschaft und für eine geordnete Familie. Sie gibt einem Kind das Gefühl für ein Gemeinschaftsbewußtsein und darüber hinaus Sicherheit. Die meisten Kinder spielen gerne mit dem Feuer und versuchen herauszufinden, wie weit sie gehen können; wenn ihr Verhalten jedoch bestraft wird, lernen sie bald, sich mit den Familienregeln zu arrangieren. Ein Kind akzeptiert die natürlichen Konsequenzen und respektiert sie. Wenn es hart gefallen ist, rechnet es mit einem aufgeschlagenen Knie, wenn es den Herd anfaßt, rechnet es mit verbrannten Fingern. In ähnlicher Weise sollte es in der Lage sein, von seinen Eltern die Konsequenzen für schlechtes Verhalten zu akzeptieren. Wenn Benjamin die Grenzen kennt, fällt ihm das Größerwerden leichter; Gewißheiten kann man leichter akzeptieren als Ungewißheiten. Welches Verhalten bestraft wird und wie es bestraft wird, hängt von der Haltung des Elternteils ab, der einbezogen ist. Eine Mutter mag es für richtig halten, zurückzubeißen, wenn Benjamin beißt, eine andere Mutter mag ihm den Hintern versohlen, wieder eine andere ihn ordentlich ausschelten. Eltern haben ihre eigenen Maßstäbe und machen ihre eigenen Regeln. Man kann nur hoffen, daß die Regeln notwendig sind und vernünftig und daß es nur wenige gibt. Wie auch immer – Benjamin muß sich genauso anpassen wie die anderen Familienmitglieder auch.

Manche Familienregeln sind eher notwendig und vernünftiger als andere. Bei den Mahlzeiten nicht sprechen zu dürfen und die Schuhe ausziehen zu müssen, wenn man ins Haus kommt, sind zum Beispiel weniger angemessene Maßnahmen als das Verbot, auf der Straße zu spielen oder elektrische Vorrichtungen anzufassen.

Bleiben Sie immer sachlich und freundlich

Unordnung ist eine häufige Ursache für Diskussionen. Vielleicht ist übertriebene Ordnung der Gradmesser für die Unterscheidung zwischen einem Haus und einem Zuhause. Ein Haus muß immer perfekt aussehen, falls Besuch kommt, wohingegen in einem Zuhause Kinder entspannt aufwachsen können. Ich hatte einmal eine dreizehnjährige Patientin, die seit ihrem dritten Lebensjahr stotterte. Sie führte tägliche Kämpfe mit ihrer Mutter, weil sie im ganzen Haus für Unordnung sorgte, vor allem in ihrem eigenen Zimmer, was ihre Mutter als eine Schande bezeichnete. Überall lagen Kleider verstreut, und ihre Mutter konnte die sauberen von den schmutzigen nicht unterscheiden. Bücher und Schallplatten lagen auf dem Boden herum, und »sie besaß nicht einmal den Anstand, Bonbonpapiere in den Papierkorb zu werfen«. Nachdem ich viel und heftig mit beiden diskutiert hatte, gelang es mir, sie zu einem Kompromiß zu führen. Die Tochter sollte ihre schmutzige Kleidung ins Bad bringen, damit sie gewaschen werden konnte, und sie sollte das restliche Haus sauber halten; ihr eigenes Zimmer konnte sie so unordentlich lassen, wie sie wollte, inklusive der Bonbonpapiere am Fußboden. Die täglichen Kämpfe hörten auf, das Stottern verringerte sich sofort, und innerhalb weniger Monate war es beinahe vollständig verschwunden.

Keine plötzlichen Veränderungen

Wenn Benjamin bisher nicht diszipliniert wurde (gelegentlich werden Eltern nervös bei dem Gedanken, ihr Kind zu disziplinieren, wenn es nicht daran gewöhnt ist, weil sie das Gefühl haben, daß dadurch das Stottern verschlimmert wird) und wenn Sie glauben, daß Sie ihn disziplinieren sollten, ist es vorteilhaft, die Veränderungen allmählich einzuführen. Kinder werden verwirrt und unsicher durch plötzliche Veränderungen. Wenn Sie Ihr Kind disziplinieren, ist es immer ratsam, nachdrücklich zu sein, die Situation jedoch sachlich und freundlich und ohne Emotionen anzugehen – »nachdrücklich sein« heißt nicht »böse sein«. Ich halte es auch für das Beste, Benjamin nicht in Ungewißheit zu lassen. Wenn Sie zum Beispiel sagen »wir werden dies tun« oder »wir werden das nicht tun«, weiß er, wo er steht, wohingegen die Aussage »wir wollen mal sehen« ihn unsicher macht. Er hofft, daß etwas geschehen wird, befürchtet aber, daß es dann doch nicht geschieht.

Rückfälle einplanen

Wenn Benjamin daran gewöhnt *war*, seinen eigenen Weg mit wenig, oder gar ohne Disziplinierung gehen zu dürfen, müssen Sie damit rechnen, daß er dafür kämpfen wird, den alten Zustand wieder herzustellen, und daß er in seinen Bemühungen, die Eltern und die Situation zu kontrollieren, fortfahren wird – selbst dann, wenn Sie die Disziplinierungsmaßnahmen nur allmählich einführen. Sie sollten sich auch auf eine Phase verstärkten Stotterns einstellen – gerade während der Zeit, in der seine Forderungen nicht erfüllt werden. Wenn ein Kind den ganzen Haushalt unter Kontrolle hat, ist es wahrscheinlich, daß es nicht zu stottern aufhört, weil es unsicher ist. Eine solche Situation ist unnatürlich, und das Zuhause ist eher chaotisch als friedlich. Wenn das Kind lernen muß, daß es den Haushalt nicht kontrollieren kann und daß »nein« auch »nein« bedeutet, dürfen Sie damit rechnen, daß auf eine Verschlimmerung seines Stotterns eine Verbesserung folgt, sobald es mit seiner veränderten Umgebung zurechtkommt. Das kann zu einer sehr schwierigen Zeit für die Eltern werden, weil sie erleben, daß sich Benjamins Stottern verschlimmert, und sie werden sich fragen, ob sie das Richtige tun. Es ist jedoch durchaus möglich, daß Benjamin auf die Disziplinierung eingeht, solange seine Eltern in ihrem Entschluß nicht schwach werden, und er wird mit mehr Sicherheit und auch mit vermindertem Stottern daraus hervorgehen.

Disziplin

Eine Definition des Wortes »Disziplin« bedeutet, »unter denen Ordnung aufrechtzuerhalten, die unserer Obhut unterliegen«. Bei Kindern kann Ordnung gewöhnlich durch eine oder mehrere der folgenden drei Möglichkeiten erreicht werden:

- verbal, mit Hilfe von Erklärungen oder Anweisungen,
- durch Entzug von Süßigkeiten, Eis etc. oder durch Fernsehverbot und Hausarrest,
- durch physische Bestrafung.

Es bedarf keines Hammers, um eine Nuß zu knacken, und ich halte es für vernünftig, daß verbale Anweisungen, wann immer möglich, die ersten Maßnahmen sein sollten, um den Kindern Disziplin beizubringen. Strafe durch Entzug ist eine drastischere Maßnahme, aber sie kann notwendig und manchmal auch effektiver sein. Körperliche Bestrafung – den kleinen, kurzen Klaps ausgenommen – sollte meiner Meinung nach nur nach Vorwarnung angewandt werden. Eltern sollten nie etwas tun, was ihr Kind ängstigt. Ich weiß von Eltern, die ihr Kind zur Strafe in ein Zimmer eingesperrt haben, obgleich sie wußten, daß es sich in einem geschlossenen Zimmer fürchtete. Und ich weiß von einer Mutter, die ihrem Kind absichtlich Furcht einjagte, indem sie ihm drohte, es alleine zu Hause zu lassen. Erwachsene sollten in der Lage sein, ihre Kinder zu kontrollieren, ohne solch verächtliche Maßnahmen anzuwenden.

Disziplin sollte konsequent sein

Disziplin wird von Eltern angewandt, um ihr Kind daran zu hindern, daß es sich austobt und sich unannehmbar verhält. Ihre Anwendung hat das Ziel, einen ruhigen und geordneten Haushalt zu gewährleisten und dem Kind einen Maßstab für seine Selbstkontrolle zu vermitteln. Die Eltern leiten das Kind, und wenn ihre Disziplinierung effektiv sein soll, müssen sie in ihrer Leitung konsequent sein.

Wenn die Eltern konsequent sein wollen, sollten sie sich einig sein und ihre Disziplin konsequent anwenden. Es ist sehr inkonsequent, wenn die Mutter für eine bestimmte Schlafenszeit plädiert und der Vater es den Kindern überlassen will, dann ins Bett zu gehen, wenn sie das Bedürfnis danach haben. Benjamin kann nicht akzeptieren, daß zu einer bestimmten Zeit Schlafenszeit sein soll, wenn seine Eltern darin nicht übereinstimmen. Falls die Eltern nicht zu einer Übereinstimmung kommen, sollten sie eine Vereinbarung treffen, auf deren Basis sie zusammenarbeiten und geschlossen auftreten. Es ist wichtig, daß die Maßnahmen, die sie anwenden, gleich oder ähnlich sind, weil man Benjamin nicht dafür tadeln kann, wenn er aus der Inkonsequenz seinen Vorteil zieht – es wäre nur natürlich. Er muß wissen, wo er steht, damit er lernen kann, was erlaubt ist und was nicht.

Fallbeispiel

Christoph

Die Eltern des vierjährigen Christoph waren sich nicht einig, und er nutzte ihre Inkonsequenz völlig aus. Sein Vater glaubte nicht an Regeln: »Da, wo ich herkomme, werden kleine Kinder nicht diszipliniert«, sagte er. Christophs Mutter versuchte zwar Regeln aufzustellen, aber Christoph konnte diese ignorieren, weil er die Unterstützung seines Vaters hatte. Das machte seine Mutter ziemlich verzweifelt, und sie gewöhnte es sich an, ihn anzuschreien, wenn er ungezogen war. Er war *sehr* ungezogen und verbrachte die meiste Zeit damit, seine Mutter zum Schreien zu bringen. Er muß ein Gefühl von Macht über sie empfunden haben, und er war in der Lage, bei ihr beinahe jedes Verhalten hervorzurufen, das er sich wünschte. Ein typischer Tag begann damit, daß sie die Betten machte und er sie unmittelbar darauf abzog. Sie bezog sie erneut, und er zog sie wieder ab. Danach warf er alle Kissen auf den Boden. Sie hob sie auf, und er warf sie wieder zu Boden. Dann fing er an, die Tapeten anzumalen. Zu diesem Zeitpunkt schrie seine Mutter bereits, anstatt zu schimpfen, und als sie sich daranmachte, die Farbe abzuwaschen, zog Christoph schon wieder die Betten ab. Seine arme Mutter wurde damit nicht fertig, und sie schlug ihn. Daraufhin fühlte sie sich schuldig, und sie umarmte ihn.

> Als ihr Mann nach Hause kam, war sie ganz außer sich – völlig erschöpft von Schreien, Enttäuschung und Verzweiflung. »Christoph war entsetzlich den ganzen Tag, er war ununterbrochen ungezogen, nimm ihn um Gottes willen *hinaus*, geh eine halbe Stunde mit ihm aus dem Haus und laß mich allein, damit ich wieder zu mir selbst kommen kann«, sagte sie. Der Vater tat, worum er gebeten wurde, er ging mit Christoph weg. Er ging mit ihm in die Stadt und verbrachte eine halbe Stunde damit, ihm Spielsachen zu kaufen.

Zwar handelt es sich hier um ein ziemlich extremes Beispiel dafür, was passiert, wenn Eltern sich in Fragen der Disziplin nicht einig sind. Aber Eltern sind eben oft nicht einig, und das Kind lernt bald die Kunst, dem anderen immer voraus zu sein. Das wird dadurch noch verstärkt, daß der Vater sagt: »Das war sehr ungezogen von dir, daß du deine Mutter heute so geärgert hast.« Der Vater hat zwar die Absicht, das Kind zu schelten, aber in Wirklichkeit bestärkt er es nur in seinem Gefühl, Macht über seine Mutter zu haben. Wenn ein Kind die meiste Zeit des Tages mit seiner Mutter verbringt und seinen Vater nur für zwei oder drei Stunden am Tag sieht, dann ist es natürlich, wenn es sich eher nach dem richtet, was seine Mutter sagt. Wenn ihre Disziplin vom Vater unterstützt und verstärkt wird, wenn er zu Hause ist, dann wird durch die konsequente Haltung die Disziplin leichter akzeptierbar. Es wird versuchen zu diskutieren, aber es wird wissen, wo es steht. Ohne diese Einigkeit in der Haltung wird das Kind den Eltern immer um eine Nasenlänge voraus sein.

Fallbeispiel

Alex

Eine Mutter erzählte, daß ihr Sohn Alex sich weigerte, ins Bett zu gehen, wenn sie sich nicht zu ihm hinlegte, bis er eingeschlafen war. Um des lieben Friedens willen willigte sie ein, und sie dachte, sie könnte Alex schneller zum Einschlafen bringen. Eines Abends schlief sie ohne Absicht ein. Als sie Stunden später aufwachte, war Alex nicht in seinem Bett. Sie fand ihn im Wohnzimmer, wo er mit seinem Vater spielte! Wenn ein Elternteil darauf beharrt, die Autorität des anderen zu untergraben, ist zu erwarten, daß ihr Kind ihre Uneinigkeit ausnutzen wird, um sein Ziel zu erreichen. Benjamin wird seiner Mutter erklären: »Papa erlaubt mir das aber!«, wenn sie ihm etwas verbietet. Kinder setzen alle ihre geistigen Fähigkeiten ein, wenn sie ihren Kopf durchsetzen wollen. Eine Möglichkeit ist das Nörgeln. Wenn Benjamin etwas haben möchte und auch nur die geringste Aussicht besteht, daß er es bekommt, dann kann es sein, daß er so lange herumnörgelt, bis er bekommt, was er haben möchte.

Wenn die Eltern nur zu dem stehen würden, was sie anfänglich gesagt haben, dann würde Benjamin sie in weniger Kämpfe verwickeln: »Ich konnte es nicht mehr ertragen«, sagen sie. »Nachdem ich hundertmal ‹nein› gesagt hatte, gab ich schließlich nach und sagte ‹ja›.« Solche Konfrontationen können vermieden werden – schließlich sind Eltern nicht verpflichtet, sich auf Diskussionen einzulassen.

Ich halte es für vernünftig, konsequent gegen jedes unsoziale Verhalten Benjamins zu reagieren. Wenn er z.B. seine Zunge herausstreckt und ein Elternteil lacht und der andere wird böse, dann weiß er nicht, ob sein Verhalten in Ordnung ist oder nicht. Er wird auch nicht wissen, ob ein Elternteil das eine Mal bei einer solchen Gelegenheit lacht und das andere Mal böse auf ihn ist – ihre Reaktionen sollten vorhersehbar sein, damit er mit Zustimmung oder Ablehnung rechnen kann.

Disziplin sollte vernünftige Gründe haben

Ein Kind wird viel eher das tun, was man ihm sagt, wenn ihm das, was man ihm sagt, auch sinnvoll erscheint. Regeln, die einmal gelernt wurden, brauchen nicht immer aufs neue erklärt zu werden, aber die Von-Fall-zu-Fall-Entscheidungen bedürfen der

Disziplin

Erklärung. Benjamin möchte wissen, warum er etwas tun soll. Tatsächlich fragt er ständig »Warum?« und man sollte ihm befriedigende Antworten geben, damit er verstehen kann, warum Disziplin notwendig ist. Wenn Eltern sagen: »Das ist ungezogen«, »Mach das nicht«, »Das gehört sich nicht« usw., wird er wahrscheinlich die Gründe dafür wissen wollen. Es gibt sicher weniger Diskussionen, wenn man erklärt, warum man etwas verlangt. Zum Beispiel: »Es war nicht gut, daß du auf die Straße gelaufen bist, denn du hättest verletzt werden können.« – »Wirf deinen Ball nicht über den Zaun, weil sich die Nachbarn darüber ärgern« und »Wir benutzen dieses Wort bei uns nicht, denn es ist ein Schimpfwort.«

Eine völlig unsinnige, jedoch nicht ungewöhnliche Unterhaltung könnte sich so anhören:

»Du solltest das nicht sagen.«
»Warum nicht?«
»Weil es ungezogen ist.«
»Was ist ungezogen?«
»Sei nicht dumm!«
»Ich bin nicht dumm!«
»Doch, du bist dumm!«
»Warum bin ich dumm?«
»Weil ich es dir sage.«

Oft disziplinieren Eltern ihre Kinder ohne Grund, weil »wir es immer so gemacht haben«, oder sie ahmen ihre eigenen Eltern oder ihre Nachbarn nach. Wenn Eltern die Gründe für ihre Disziplinierung nicht erkennen, ist es kein Wunder, daß sie zu solchen Sätzen wie »Mama weiß, was gut für dich ist«, ihre Zuflucht nehmen. Ihre Disziplinierung sollte für sie selbst und für ihre Kinder sinnvoll sein.

Manchmal entstehen zwischen Eltern und Kindern Konflikte aufgrund von Bestechungen, Drohungen, Mißverständnissen und nicht gehaltenen Versprechen: »Wenn du dich anständig benimmst, werde ich dir etwas Geld für Süßigkeiten geben.« – »Wenn du ruhig spielst, solange ich meinen Kaffee trinke, koche ich dir heute abend dein Lieblingsessen.« War Benjamin anständig? Hat er ruhig gespielt? Eltern und Kinder können unterschiedlicher Meinung darüber sein, was gut und was ruhig ist, und damit beginnt bereits die Auseinandersetzung.

Konflikte können auch dann auftreten, wenn es den Anschein hat, daß ein Kind eine Krankheit vortäuscht, um seinen Willen zu bekommen, oder wenn es ungewöhnliche Bedürfnisse äußert, die keine Disziplinierung erfordern, sondern den Rat eines Arztes. So war z.B. ein Kind immer hungrig, oft schon unmittelbar nach den Mahlzeiten, egal, wieviel es gegessen hatte. In solchen Fällen wird ein Kind ganz leicht ungerecht diszipliniert oder bestraft. Im allgemeinen neigen Kinder dazu, weniger flüssig zu sprechen, nachdem sie bestraft wurden, insbesondere dann, wenn die Bestrafung ungerecht war.

Überfordern Sie Ihre Kinder nicht

Auch wenn die Disziplin vernünftige Gründe hat, können Eltern ihre Kinder dennoch überfordern. Heutzutage gibt es viele *zweisprachige Familien*. Sicherlich ist es natürlich, daß sie sich ihre eigene Kultur und Sprache erhalten wollen; zweisprachig aufzuwachsen kann aber dennoch für ein kleines Kind mehr sein, als es zu leisten imstande ist. Eines dieser Kinder konnte sehr wenig deutsch sprechen, unterhielt sich jedoch zu Hause mit seinen Eltern türkisch. Als es zur Schule kam, wo es nur deutsch sprechen sollte, begann es zu stottern. Wir baten seine Eltern, sich nur auf deutsch mit ihm zu unterhalten, in seiner Gegenwart nicht mehr türkisch zu reden und in keiner Weise mehr auf sein Sprechen zu reagieren. Wir machten den Vorschlag, daß die Muttersprache zu einem späteren Zeitpunkt wieder eingeführt werden könnte, wenn das Stottern behoben sei. Das Stottern hörte tatsächlich innerhalb weniger Monate auf, und es ist ziemlich sicher, daß es von einem sprachabhängigen Druck verursacht wurde.

Wie begabt Eltern auch immer sein mögen, wenn sie disziplinieren und wenn sie ihre Maßnahmen begründen, so gibt es dennoch Zeiten, in denen das Verhalten des Kindes die Geduld überstrapaziert. Es gibt durchaus natürliche Grenzen dafür, wieviel Eltern ertragen können; wenn sie überfordert werden, können Enttäuschung und Wut die Oberhand gewinnen über ihre normalerweise üblichen Reaktionen und ein Verhalten hervorrufen, das ihrer Veranlagung nicht entspricht. Ich bin der Meinung, daß das keine große Bedeutung hat, solange dieses Verhalten nicht häufig auftritt. Es steht den Eltern durchaus zu, emotionale Ausbrüche zu haben, und sie sollten darüber nicht entsetzt sein oder sich schuldig fühlen. Wenn sich dann die Lage wieder entspannt hat, sollte man in einer versöhnlichen Geste Benjamin erklären, was geschehen war, indem man Tatsachen aufzeigt, ohne zu tadeln, und dadurch die liebevolle und warme Beziehung erhält. Benjamin wird sicher froh darüber sein, zu wissen, daß seine Eltern auch an ihre Grenzen gelangen, daß sie fähig sind zu schreien und daß sie ihn genügend respektieren, um ihm zu erklären, was sie so aufgebracht hat.

Ausnahmen bestätigen die Regel

Wenn Regeln nie gebrochen würden, hätten wir sehr rigide und unvernünftige Elternhäuser. Selbst da, wo es nur wenige Regeln und nur leichte Strafen gibt, wird es Zeiten geben, wo auf diese verzichtet wird, um der Situation gerecht zu werden. Auch Ausnahmen von der Regel beruhen auf Vernunft: Man kann Benjamin erlauben, spät ins Bett zu gehen, weil es sich um einen besonderen Tag handelt; man kann ihm erlauben, den ganzen Tag fernzusehen, weil er sich nicht wohl fühlt, usw. Darüber hinaus kann man von Eltern nicht erwarten, daß sie ununterbrochen Theorie in Praxis umsetzen; sie können vergessen oder sich nichts daraus machen oder gar nicht wahrnehmen, was Benjamin gesagt oder getan hat. Wenn Eltern sich sicher sind, daß sie die Kontrolle über ihr Kind haben, dann können sie es sich leisten, beweglich zu sein, ohne befürchten zu müssen, daß das Kind seinen Vorteil daraus zieht.

Präventiv-Therapie Teil II

Weitere Drucksituationen, die sich auf das Sprechen auswirken

Wir hören immer wieder, daß Streß schlecht für uns sei. Dennoch brauchen wir ein gewisses Maß an Streß. Wären wir völlig entspannt, sowohl körperlich als auch geistig, würden wir wie Trottel herumschlurfen, ohne einen vernünftigen Gedanken im Kopf. Ohne einen gewissen physischen Streß und physische Spannung wären wir unfähig, zu stehen oder uns zu bewegen. Ohne geistigen Streß wären wir unfähig, zu denken, zu beobachten oder wachsam zu sein. Der *unerwünschte* Streß und der *übermäßige* Druck sind es, die Probleme verursachen.

Wie jeder andere auch wird Benjamin sich in einer Grundspannung befinden, zu der dann jeweils ein gewisses Maß an zusätzlichem Druck hinzukommt, je nachdem, in welcher Situation

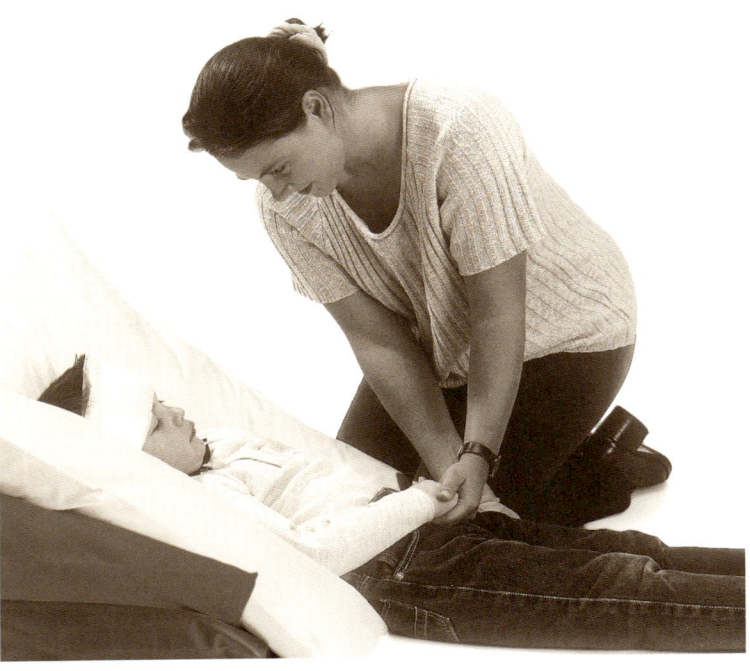

Weitere Drucksituationen, die sich auf das Sprechen auswirken

sich Benjamin gerade befindet. Dieser zusätzliche Druck wird ständig variieren, und wenn er sehr hoch ist, wird Benjamin vermutlich eher stottern, weil sich Druck auf das Sprechen auswirkt. Wir haben bereits erkannt, daß Druck sich sowohl direkt auf das Sprechen auswirken kann als auch indirekt, wenn der Druck nicht in unmittelbarem Zusammenhang mit dem Sprechen auftritt. Darüber hinaus gibt es noch einige andere Drucksituationen, die flüssiges Sprechen stören und die bei jedem Kind individuell verschieden sind. Über sie möchte ich jetzt reden.

Selbstverständlich ist es nicht möglich, jede einzelne Drucksituation aufzulisten, der sich ein Kind ausgesetzt sehen mag oder mit der es leben muß. Dennoch möchte ich versuchen, die verschiedenen Ängste zu kategorisieren, die Kinder erleben und die Stottern verstärken können. Viele Drucksituationen sind ein Teil des täglichen Lebens und lassen sich nicht vermeiden (zum Beispiel Müdigkeit nach spätem Zubettgehen). In anderen Drucksituationen können wir Benjamin beruhigen (zum Beispiel, indem wir ihm versichern, daß sein aufgeschürftes Knie nicht lange weh tun wird); aber Benjamin sollte, wann immer möglich, vor den ernsthafteren Belastungen bewahrt werden, die deutlich seinem Stottern zuwiderlaufen.

> ### Das Prinzip der Präventiv-Therapie
> Wenn die Situation für Benjamin belastend erscheint, sollten seine Eltern wachsam sein und Schritte unternehmen, um die störenden Faktoren zu verändern.

Wir wollen uns jetzt den Bedingungen zuwenden, die Benjamins Streß-Niveau anheben können, und dabei in Erinnerung behalten, daß das Stottern vermutlich andauert, solange das Kind immer noch dem Druck ausgesetzt ist.

Ängste Zum Beispiel vor Dunkelheit, Alleingelassenwerden, Bestrafung, Tieren, Insekten, Fernseh-Programmen, Schaukeln und Rutschbahnen, Haareschneiden, Schwimmen im See.

Schock Zum Beispiel durch Beobachten eines Unfalls, Erleben eines eigenen Unfalls, Verlust eines Haustieres, plötzlichen Lärm, Verlorengehen.

Eile Dazu zählt alles, was Benjamin dazu zwingt, schnell zu reden oder schnell zu handeln – zum Beispiel eine plötzliche Herausforderung, zur Eile gemahnt zu werden, ungeduldige Zuhörer, schnelle Sprecher.

Aufregung Zum Beispiel durch Ausflüge, Feste, Ferienreisen, Weihnachten, Geburtstage, Besuche, Beginn des Kindergartens oder der Schule, besondere Gelegenheiten.

Körperlicher Streß Zum Beispiel durch Müdigkeit, Krankheit, Außer-Atem-Sein.

Ungewißheit Zum Beispiel durch Unsicherheit darüber, wie man sich verhalten soll, Sich-ausgeschlossen-Fühlen, Unregelmäßigkeit im Tagesablauf.

Autoritätspersonen Zum Beispiel Ärzte, Zahnärzte, Lehrer, Polizisten.

Verlustgefühle Zum Beispiel durch das Zerbrechen eines geliebten Spielzeugs, durch den Wegzug eines Freundes, durch den Tod oder Abreise eines nahen Verwandten.

Händigkeit Durch Umerziehen eines Kindes von der Linkshändigkeit zur Rechtshändigkeit.

Harmonie in der Familie Es ist ganz offensichtlich, daß das Kind einigem Druck ausgesetzt ist, wenn es in einer Familie aufwächst, in der es an Harmonie fehlt. Wenn Benjamins Eltern sich zum Beispiel oft streiten, wird ihn das beeinflussen. Die Spannung wird sich auf ihn übertragen, und er wird sich Gedanken darüber machen, ob er in dieses Kampffeuer einbezogen wird. Ich erinnere mich an eine Familie, in der die Eltern nicht mehr miteinander sprachen und ihr Kind dazu benutzten, schriftliche Mitteilungen zu überbringen.

Vielleicht gibt es nur wenige Familien ohne irgendwelche Spannungen, aber es sind die extremen Familienkonflikte, die das

Weitere Drucksituationen, die sich auf das Sprechen auswirken

Vertrauen und die Sicherheit beeinträchtigen, welche dem Kind dabei helfen, sein Stottern zu überwinden. Es ist zwar nicht ungewöhnlich, daß manche Eltern in einer gespannten Beziehung leben, sie sollten dennoch in der Lage sein, ihr Kind davor zu bewahren, daß es sich hin- und hergerissen fühlt. Um das zu veranschaulichen, möchte ich beschreiben, wie es zwei Familien gelang, ihre Kinder zu schonen, als ihre Ehe zerbrach.

Fallbeispiel

Herr und Frau A

Herr und Frau A hatten zwei kleine Jungen, die zwei und drei Jahre alt waren. Beide Kinder stotterten ziemlich heftig. Das Stottern hatte sich allerdings während der Monate, in denen die Eltern die Präventiv-Therapie anwandten, gebessert, doch die Besserung war nicht von Dauer. Als wir über mögliche Streßfaktoren sprachen, wurde deutlich, daß die Eltern ihre Scheidung erwogen hatten: Sie waren nicht in der Lage, auch nur ein paar Minuten zusammen zu verbringen, ohne daß sie anfingen zu streiten; sie beschimpften sich, schrien sich an und schlugen die Türen zu. Ich fragte die Eltern, ob sie, um des Sprechens ihrer Kinder willen, mit ihren Streitereien nicht bis zum Abend warten könnten, wenn die Kinder schon schliefen. Sie sollten ihre Streitpunkte aufschreiben, damit sie nichts vergessen würden. Und ich bat sie auch, die Türen zu schließen, damit die Kinder ihre lauten Stimmen nicht hören würden. Sie willigten ein und führten die Vereinbarung auch sehr bewußt durch. Am Ende ließen sie sich scheiden, aber die Kinder blieben von den Streitigkeiten verschont, und beide überwanden ihr Stottern vollständig. Fünf Jahre später traf ich zufällig ihre Mutter in einem Geschäft, und sie erzählte mir, daß keiner der Jungen je wieder gestottert hatte.

Herr und Frau B

Herr und Frau B hatten drei Kinder, von denen eines stotterte. Sie hatten beschlossen, sich zu trennen, waren sich aber dar-

Präventiv-Therapie Teil II

> über einig, daß «die Kinder zuerst kommen». Die Kinder lebten bei der Mutter, aber der Vater besuchte sie jeden Tag und verbrachte so viel Zeit zusammen mit den Kindern, wie ihm lieb war; man hieß ihn jederzeit herzlich willkommen. Der kleine Junge sagte eines Tages zu mir:»Meine Mama und mein Papa haben verschiedene Wohnungen«, als ob es die natürlichste Sache der Welt wäre. Er hörte gänzlich auf zu stottern.

Normalerweise sind Kinder in der Lage, mit den kleinen alltäglichen Drucksituationen mühelos fertig zu werden. Aber viele dieser kleinen Belastungen zusammengenommen können einen Punkt erreichen, an dem das Kind unter generellen Streß gerät. Wenn das geschieht oder wenn die Drucksituationen schwerwiegend sind, kann es nicht überraschen, daß das Stottern andauert. Wachsamkeit gegenüber diesen Drucksituationen und die Bemühung, sie soweit wie möglich zu vermeiden, können die Balance durchaus verändern, und Benjamin wird wieder flüssig sprechen.

Meine Beschreibung der Präventiv-Therapie und ihrer Anwendung ist jetzt vollständig, und ich hoffe, daß sie Ihnen von Nutzen war. Ich wünsche mir sehr, daß eines Tages das Phänomen des Stotterns gänzlich verstanden wird, daß es völlig verhindert werden kann und daß dieses Buch ein positiver Schritt in diese Richtung war.

Wenn Sie das Gefühl haben, daß Sie Unterstützung brauchen bei Ihren Bemühungen, mit Benjamins Stottern fertig zu werden, sollten Sie eine(n) Sprachtherapeutin(en) aufsuchen. Vielleicht wollen Sie dieses Programm mit ihr (ihm) zusammen durcharbeiten. Falls Sie jedoch nach einer anderen Therapieform suchen, können die Ratschläge in diesem Buch dennoch für Sie von Nutzen sein. Sprech- und Sprachtherapeutinnen(en) oder Logopädinnen(en) können Sie privat aufsuchen oder sich durch Kliniken oder das Gesundheitsamt vermitteln lassen.

Was Eltern am häufigsten wissen wollen

❖ Was ist die Ursache für Benjamins Stottern?

Die Frage nach der Ursache des Stotterns ist ein verwirrendes Problem, und es gibt keine eindeutigen Antworten darauf. Wir wissen jedoch, daß es weniger schwierig ist, ein beginnendes Stottern an seiner Entwicklung zu hindern, als ein manifestes Stottern zu behandeln. Bei Vorschulkindern entsteht das Stottern im allgemeinen ganz allmählich, oft sogar begleitet von Phasen der Besserung; die Symptome verschlimmern sich allerdings im Laufe der Zeit. Wenn das Stottern plötzlich beginnt und sich in einer schwereren Symptomatik äußert, kann es von einem traumatischen Ereignis herrühren; das kommt allerdings eher bei älteren Kindern vor.

Es wurde bereits eine Vielzahl an Büchern über das Stottern geschrieben, jedoch von unterschiedlichen Standpunkten aus, und die Autoren stimmen selten hinsichtlich der Ursache oder der Ursachen überein. Wir müssen berücksichtigen, daß manche Eltern das nicht-flüssige Sprechen ihrer Kinder eher wahrnehmen als andere und den Verdacht haben, daß es sich um Stottern handelt, vor allem dann, wenn bereits jemand in der Familie stottert. Wie wir bereits gesehen haben, reagieren Eltern auf das Sprechen ihrer Kinder negativ, sobald sie es für Stottern halten; sie beginnen zu »korrigieren« und machen dadurch das Kind ängstlich. Die Saat für die Entwicklung eines Stotterns ist dadurch gelegt, wo andernfalls gar keines entstehen würde. Aus diesem Grunde wurde einmal gesagt, das Stottern entstehe »nicht im Mund des Kindes, sondern im Ohr der Eltern«.

Wir müssen auch in Betracht ziehen, ob das Kind eine Veranlagung für das Stottern hat. Wir wissen, daß Stottern sich häufig durch Familien hindurchzieht. So kann es sein, daß ein Kind unter einer bestimmten Drucksituation zu stottern beginnt, weil es entsprechend veranlagt ist.

Ein anderer Gesichtspunkt ist der, daß ein Kind zu stottern beginnt, weil es zuviel Druck aushalten muß – es kann ein gewisses Maß ertragen, aber nicht mehr. Dann kommt der berühmte

Präventiv-Therapie Teil II

Tropfen, der das Faß zum Überlaufen bringt, und dieser letzte Tropfen ist die Ursache dafür, daß sein Sprechen sich unter diesem Druck verschlechtert.

Viele Eltern äußern sich zustimmend darüber, daß ihr Kind unter die Kategorie fällt, daß eine oder mehrere dieser drei Ursachen zutrifft. Aber es gibt immer noch Familien, in denen das nicht-flüssige Sprechen des Kindes nicht bemerkt oder »korrigiert« wurde, wo es keine Familiengeschichte hinsichtlich des Stotterns gibt und wo das Kind nie unter unzumutbarem Streß gestanden hat, obgleich es den Anschein hat – wie wir bereits im Kapitel über die Diagnose des Stotterns (s. S. 18 ff.) gesehen haben –, als werde das Stottern von Ereignissen ausgelöst, die ein ganz unterschiedliches Maß an Druck beinhalten.

❓ Wird Benjamin aufhören zu stottern, wenn wir die Präventiv Therapie sorgfältig durchführen?

Solange der Sprechdruck – wie in diesem Buch beschrieben – verringert wird und solange das Kind sich sicher fühlt und weiß, daß es von seinen Eltern geliebt wird, bin ich davon überzeugt, daß es mit großer Wahrscheinlichkeit sein Stottern überwinden wird. Ein friedliches und glückliches Zuhause erleichtert manches, aber das Zuhause muß nicht ideal sein, damit ein Kind aufhört zu stottern. In der Tat ist es so – wie wir im Kapitel über die weiteren Drucksituationen (s. S. 112 ff.) gesehen haben –, daß flüssiges Sprechen auch in Familien erreicht werden kann, die weit davon entfernt sind, ideal zu sein. Es scheint mir durchaus der Wiederholung wert, zu sagen, daß der Druck auf das Sprechen verringert werden muß, damit das Kind sich völlig frei davon fühlt. Außerdem darf dieser Druck nur ganz allmählich wieder eingeführt werden, wenn das Stottern überwunden scheint.

Wir können Jahr für Jahr beobachten, wie Vorschulkinder ihr Stottern überwinden – diese Erwartung ist bei uns gewachsen, und es gibt nur wenige Ausnahmen. Dennoch kommen sie gelegentlich vor. Wenn ein Kind Fortschritte macht, und dann ein traumatisches Erlebnis hat, kann sich das Stottern verschlimmern oder seine ursprüngliche Stärke wieder erreichen. Das ist zwar unerfreulich, aber keine Katastrophe, weil es sich gewöhnlich innerhalb einiger Wochen oder Monate wieder verliert. Falls während dieser zweiten Phase der Besserung ein weiteres traumatisches Ereignis auftreten sollte, wird das Stottern sich wieder einstellen oder zunehmen – jetzt wird die Besserung mehr Zeit benötigen. Es kann sich ein dritter traumatischer Vorfall ereignen, und das Stottern wird erneut seine ursprüngliche Stärke erreichen oder gar schlimmer werden. Zu diesem Zeitpunkt hat das Kind nicht nur ziemlich viel Druck aushalten müssen, es ist auch einiges älter geworden, und wenn es älter ist, läßt sich das Stottern auch viel schwerer überwinden. Man kann gar nicht genug betonen, wie wichtig es ist, daß das Stottern überwunden wird, solange das Kind noch klein ist.

Man erlebt häufig, daß ein kleines Kind eine Phase des Stotterns erlebt, sie aber ganz schnell und mit Hilfe ganz einfacher Mittel wieder überwindet. Manchmal genügt es schon, wenn man nicht negativ auf das Stottern reagiert und die Anzahl der Fragen deutlich reduziert, damit das Kind nicht mehr stottert (vgl. S. 26 ff. und S. 90 ff.). Ich gehe trotzdem mit den Eltern immer alle Drucksituationen durch, die sich direkt oder indirekt auf das Sprechen auswirken; die Eltern sollen diese Drucksituationen bewußt erkennen, um sie verringern oder ausschalten zu können, sobald das Stottern wieder auftritt. Wir müssen uns daran erinnern, daß das Stottern bei einem kleinen Kind häufig mit zeitlichen Unterbrechungen auftritt. Es ist deshalb durchaus möglich, daß man annimmt, das Kind würde nicht mehr stottern, obwohl es gerade nur eine »gute Phase« hat und jederzeit wieder zu stottern beginnen kann.

Die Durchführung des ganzen Präventiv-Therapie-Programms macht es erforderlich, daß jeder einzelne Sprechdruck sorgfältig und systematisch durchgearbeitet wird. In der Klinik arbeiten wir das Programm mit den Eltern zusammen so durch wie beschrieben. Gelegentlich gibt es Ausnahmen. Wenn sich zum Beispiel ein bestimmter Grund für das Stottern herausstellt, wie zum Beispiel bei dem Kind, das mit zwei Sprachen fertig werden mußte (s. S. 110), dann wäre das unser Ausgangspunkt. Hätten die Eltern zum Beispiel Probleme mit der Disziplin, würden wir damit beginnen. In den meisten Fällen gibt es allerdings keinen besonderen Störfaktor, den man für das Stottern verantwortlich machen könnte.

Wie wir schon gesehen haben, müssen die Eltern in aller Regel ihr Verhalten gegenüber Benjamin ändern. Der Gedanke, daß man nicht negativ auf das Stottern reagieren und den Druck, der auf das Sprechen ausgeübt wird, reduzieren soll, ist neu für sie, und es braucht eine gewisse Zeit, um sich an die neue Regelung zu gewöhnen. Ich erlebe oft, daß Eltern manche Punkte immer wieder durchsprechen wollen. Deshalb ist es vielleicht auch für Sie hilfreich, wenn Sie die einzelnen Kapitel ein- oder zweimal, wenn nötig auch mehrmals durchlesen.

❖ Was passiert, wenn Benjamin nicht aufhört zu stottern?
Denken Sie daran, daß drei von vier Kindern das Stottern spontan aufgeben. Falls Ihr Kind zu den fünfundzwanzig Prozent der Kinder gehört, die nicht spontan damit aufhören, dann ist die Chance ziemlich hoch, daß Sie es mit Hilfe der Präventiv-Therapie schaffen werden. In unserer Klinik erleben wir auch ältere Kinder und Erwachsene, die das Stottern überwinden, indem sie lernen, es zu kontrollieren.

Das frühkindliche Stottern zeigt nicht diese vielfältige Symptomatik, die man bei einem erwachsenen Stotternden feststellen kann. Wie im Kapitel über die Diagnose des Stotterns beschrieben, sind die Symptome bei Vorschulkindern fast immer einfache Wiederholungen von Lauten, Silben, Wörtern oder Satzteilen; es sind Dehnungen von Lauten und unangemessene Pausen. Diese Symptome haben eine große Ähnlichkeit mit den Merkmalen eines normalen Sprechers, der unter Druck spricht.

Wir möchten ein Kind davor bewahren, daß es seine Symptome bemerkt, und wir wollen verhindern, daß es ängstlich darauf reagiert, falls es sie doch bemerkt. Wenn das Kind damit beginnt, furchtsam zu reagieren, wird es darum kämpfen, daß es die Wörter herausbringt. Wenn der Teufelskreis einmal eingesetzt hat – Angst vor dem Sprechen = Stottern = Angst vor dem Sprechen –, dann »nährt« sich das Stottern selbst.

Die Symptome des Stotterns sind bei kleinen Kindern nicht nur einfacher, sie verändern sich auch weniger als bei älteren Kindern oder bei Erwachsenen. Wenn ein Kind dem Stottern nicht entwächst, dann wächst es hinein – das Stottern bleibt nicht einfach und unverändert. Es entwickelt sich, indem Häufigkeit und Schweregrad zunehmen. Wenn Benjamin älter wird, beginnt er die Unterbrechungen in seinem Sprechfluß zu erspüren und versucht, sie zu verhindern, indem er Druck auf seine Sprechmuskulatur ausübt. Je mehr Druck er ausübt in seinen Bemühungen, die hängengebliebenen Wörter herauszubekommen, um so schlimmer wird das Stottern. Wenn er sich immer noch mehr anstrengt, die Wörter herauszupressen, kann das zu Mitbewegungen des Körpers führen, wie das Zusammenbeißen der Zähne, Zurückwerfen des Kopfes oder Stampfen mit dem Fuß. In seinem Kampf, ein Wort herauszubringen, glaubt er, daß er das Wort schließlich herausbringen wird, wenn er seine Zähne zusammenbeißt. Dann schreibt er den Erfolg dem Zusammenbeißen der Zähne zu, und infolgedessen beißt er sie immer zusammen, wenn er an einem Wort hängenbleibt. Irgendwann hilft das nicht mehr. Also findet er eine andere Bewegung, um das Wort herauszubringen, indem er zum Beispiel seinen Kopf zurückwirft. Das Zusammenbeißen der Zähne verschwindet nicht in diesem Stadium, sondern bleibt zusammen mit dem Zurückwerfen des Kopfes ein Teil des Musters. Auf diese Weise entwickelt sich die Stottersymptomatik.

Viele Kinder sind nicht sehr beeindruckt von der Tatsache, daß sie stottern, während es für andere eine ständige Ursache für Furcht ist, besonders dann, wenn das Stottern schwer ist und sie in der Schule deswegen gehänselt werden. Die Besorgnis nimmt in der Regel zu, wenn sie älter werden. Auch erwachsene Stotternde nehmen eine unterschiedliche Haltung dem Stottern gegenüber ein. Manche betrachten es lediglich als unangenehm und würden es gerne loswerden; andere sagen, daß es ihr Leben zerstört, ihr persönliches Glück verringert, sie sozialen Anlässen gegenüber ängstlich gemacht und in ihrer beruflichen Karriere behindert habe. Andere wiederum sind sehr erfolgreich in ihrer beruflichen Entwicklung, aber einen Teil ihres Tages bringen sie damit zu, sich Sorgen zu machen über bevorstehende Sprechsituationen. Ihr Puls wird schneller, wenn sie an die Besprechungen denken, zu denen sie gehen müssen, oder an die Telefongespräche, die sie führen müssen.

Leute, die mit dem Stottern nicht vertraut sind, können sich nicht vorstellen, wie es ist, wenn man mit einem ausgeprägten Erwachsenenstottern behaftet ist. Sie denken, es handelt sich um eine kleine Unterbrechung des Sprechflusses, die dem Sprecher ein unbestimmtes, lästiges Gefühl vermittelt; sie nehmen auch an, daß er manchmal absichtlich stottert, um einen Effekt zu erzielen. Sie wissen sehr wenig. Ein sehr bekannter, flüssig sprechender amerikanischer Sprachtherapeut, der einmal sehr schwer gestottert hat, erzählte mir, daß er in seiner Jugend zwei Jahre auf einem Bauernhof gearbeitet hatte und dabei vorgab, stumm und taub zu sein, um nicht sprechen zu müssen. Einer meiner Patienten benötigte einmal sieben Minuten, um die vier Wörter »Danke« und »Gute Nacht« zu sagen.

Ein schweres Stottern kann wirklich sehr ausgeprägt sein. Ein Patient schrieb mir: »Ich kenne die Gefühle nicht, die jemand hat, der durch eine Verbrennung oder eine Narbe entstellt ist, aber ich stelle sie mir ähnlich vor wie die Gefühle, die ich anfänglich gegenüber den neuen und unwillkommenen Eigenschaften meiner Zunge hatte.« Es muß nicht sein, daß der Stotternde das Gefühl hat, daß sein Leben ruiniert ist; wenn er jedoch sehr stark stottert, schämt er sich oft und glaubt, daß der Zuhörer ihn für dumm hält, weil er nicht richtig sprechen kann.

Eine Person mit einem ausgeprägten Stottern zeigt ein komplexes Bild an Verhalten und Einstellungen. Das Stottern variiert entsprechend der jeweiligen Situation. Wenn der Stotternde sich ungezwungen fühlt, vielleicht in der Familie oder zusammen mit Freunden, kann selbst das schwerste Stottern verschwinden und er kann flüssig oder beinahe flüssig sprechen. Manche andere Situation bereitet ihm unsägliche Probleme: Es ist schwierig, mit gewissen Leuten zu reden, das Telefonieren oder der tägliche Einkauf können schwierig oder gar unmöglich sein. Manche Sprechsituationen können vielleicht vermieden werden, und in anderen Situationen hört er gänzlich auf zu sprechen. Er fürchtet sich vor speziellen Wörtern oder speziellen Lauten. Vielleicht hält er auch alle Wörter für potentiell gefährlich. Er beginnt damit, Wörter genau zu prüfen, bevor er sie ausspricht. Er ist besorgt darüber, mit welchem Laut ein Wort beginnt, wie lang es ist, an welcher Stelle im Satz es erscheint und ob er es durch ein anderes Wort ersetzen kann. Er versucht, seine Ängste durch andere Einstellungen zu ersetzen, indem er Techniken anwendet, von denen er glaubt, daß sie ihm erlauben, ohne Stottern zu reden.

Vielleicht nimmt er eine aggressive Haltung ein, eine selbstbewußte oder humorvolle. Vielleicht behilft er sich mit einer bestimmten Gestik, um sich selbst und seinen Zuhörer von seinem Sprechen abzulenken. Möglicherweise spricht er sehr schnell und bindet alle Wörter aneinander, damit er nicht mit den gefürchteten ersten Wörtern der Sätze kämpfen muß. Er erwartet alle möglichen Reaktionen auf sein Stottern. Ob seine Erwartungen nun der Realität entsprechen oder nicht, er rechnet jedenfalls mit Zurückweisung, Gelächter, Verwirrung und Ungeduld von seiten des Zuhörers. Er wünscht sich, daß man ihm sein Stottern ansieht, noch bevor er den Mund aufmacht, damit er sich nicht diesem entsetzlichen Augenblick stellen muß, in dem sich seine sprachliche Unfähigkeit zeigt. Die gefühlsmäßige Intensität, die sich bei manchen Stotternden zeigt, wird glücklicherweise nicht von allen so empfunden. Die Variationsbreite dessen, wie Stotternde sich selbst und ihre Zuhörer beurteilen, ist sehr groß.

❓ Warum stottern so viele Jungen im Vergleich zu den Mädchen?

Diese Frage interessiert die Sprachtherapeuten, seit sie begonnen haben, mit stotternden Menschen zu arbeiten, weil sehr früh offenkundig wurde, daß weitaus mehr Jungen als Mädchen stottern. Die Untersuchungen, die gemacht wurden, führten zwar zu gewissen Vermutungen, aber es gibt keine schlüssigen oder überzeugenden Erklärungen.

Unterschiedliche Studien führten zu unterschiedlichen Erkenntnissen, aber das ist zu erwarten, weil sie in verschiedenen Kulturen durchgeführt wurden, in verschiedenen Teilen der Welt, in unterschiedlichen Altersgruppen usw. Nach den veröffentlichten Schätzungen stottern viermal mehr Jungen als Mädchen.

Die Hypothesen zur Ursache des Stotterns

- Es gibt eine genetisch bedingte männliche Disposition für das Stottern.
- Weil Jungen anfälliger für die meisten Kinderkrankheiten sind, könnte das Stottern die Anfälligkeit der männlichen Konstitution widerspiegeln.
- Jungen neigen dazu, beim Vergleich mit Mädchen schlechter abzuschneiden, und zwar in der körperlichen, sozialen und sprachlichen Entwicklung, und sie sind anfällig für größere Schwierigkeiten im allgemeinen Sprach- und Kommunikationsverhalten.
- Vielleicht übt die Umgebung auf Knaben einen größeren Druck aus als auf Mädchen. Von Jungen wird generell erwartet, daß sie sich »männlich« verhalten sollen; sie sollen nicht weinen und keine Gefühle zeigen.
- Möglicherweise weist das neuromuskuläre Kontrollsystem für Sprache beim männlichen Kind in den ersten Lebensjahren eine geringere Stabilität auf.

❓ Warum stottert Benjamin an manchen Tagen und an anderen nicht?

Die periodische Natur des Stotterns, wie sie bei manchen kleinen Kindern vorkommt, wird nicht wirklich verstanden; wir wissen nur, daß es sie gibt. Manchmal haben die Kinder Tage, an denen sie nur wenig oder gar nicht stottern, manchmal sind es längere Perioden mit vergleichsweise geringem Stottern, die mehrere Tage oder sogar Wochen andauern können. Wenn das Kind sein Stottern überwindet, werden die »guten Phasen« länger und die »schlechten Phasen« kürzer. Leider müssen wir es derzeit noch als Tatsache hinnehmen, daß Kinder an manchen Tagen flüssiger sprechen als an anderen.

Lassen wir einmal das verwirrende Phänomen der stotterfreien oder fast stotterfreien Tage außer acht; ich hielte es für eine gute Idee, wenn Sie an solchen Tagen, an denen das Stottern stärker auftritt als an durchschnittlichen Tagen, all die direkten und indirekten Drucksituationen durchgehen würden, um sicher sein zu können, daß Sie jeden Druck verringert haben.

❖ Wie lange wird es dauern, bis Benjamin aufgehört hat zu stottern?

Viele Eltern kennen die Situation, daß sie einen Termin in der Klinik haben und diesen Termin kurz vor dem Treffen absagen, weil ihr Kind nicht mehr stottert. Wir würden diesen Eltern raten, den Termin dennoch wahrzunehmen, um noch einmal über das Kind zu reden, oder sich zumindest wieder zu melden, falls das Stottern erneut auftritt. Gelegentlich kann das Stottern ganz plötzlich verschwinden.

Viele Kinder fangen unter ganz normalen Umständen an zu stottern, und man kann keinen Grund dafür finden oder vermuten. Falls Sie glauben, die Ursache für das Stottern zu kennen, und wenn diese Ursache immer noch besteht, führt deren Beseitigung fast unmittelbar zur Heilung, vor allem dann, wenn das Stottern erst seit kurzer Zeit besteht. Wenn das Kind jedoch schon seit einiger Zeit, vielleicht seit einem halben Jahr stottert, dann kann es unter Umständen genügen, die Ursache zu beseitigen, möglicherweise reicht das aber nicht aus. Es kann ganz einfach sein, die Ursache zu beseitigen (zum Beispiel, indem man aufhört, das Kind eine Zweitsprache zu lehren), es kann schwierig sein (zum Beispiel, wenn es einen andauernden Konflikt zwischen den Eltern gibt), es kann auch unmöglich sein, weil die Ursache nicht mehr besteht (zum Beispiel, weil das Kind von einem Auto angefahren wurde).

Die Frage, wie lange es dauern wird, bis das Kind das Stottern überwindet, kann unmöglich beantwortet werden. Es dauert so lange, wie es eben dauert, und mit Voraussagen muß man vorsichtig sein. Es nimmt mehr Zeit in Anspruch, wenn das Kind einen Rückschlag erlitten hat, aufgrund einer Krankheit oder eines Schockerlebnisses oder aufgrund einer Summe kleinerer Rückschläge, durch wiederholte oder längere Phasen von Aufregung oder Frustration. Wenn es diese Rückschläge nicht gäbe, und vorausgesetzt, die Präventiv-Therapie für Vorschulkinder wird gewissenhaft in die Praxis umgesetzt, solange das Kind noch im Vorschulalter ist, würde ich davon ausgehen, daß innerhalb von Wochen eine gewisse Besserung eintritt; eine deutliche Besserung wird sich nach einigen Monaten zeigen, und das Stottern wird nach ungefähr einem Jahr überwunden sein. Manchmal ist es bereits innerhalb eines Jahres verschwunden. Wie wir schon gesagt haben, kann man erst nach weiteren neun Monaten flüssigen Sprechens ganz sicher sein. Vor Ablauf dieses Zeitraums kann man nicht mit Überzeugung sagen, daß das Stottern vorbei ist.

❓ Gibt es eine intensive Forschung zum Thema Stottern?

Es gab eine alte Theorie, die besagte, daß das Stottern von einem physiologischen Defekt der Sprechwerkzeuge herrührt (Muskeln etc., die wir benutzen, wenn wir sprechen), und vor über zweitausend Jahren erklärte Aristoteles, daß die Zunge schuld daran sei. Sein Einfluß war so groß, daß vor vergleichsweise kurzer Zeit, nämlich im Jahre 1850, einige Chirurgen immer noch versuchten, das Stottern dadurch zu behandeln, daß sie Teile der Zunge entfernten!

Die *wissenschaftliche* Forschung über das Stottern begann in den 20er Jahren dieses Jahrhunderts. Als Ergebnis dieser Forschungsarbeit nimmt unser Wissen über das Stottern zu. Wir verstehen allmählich besser, wie es vermieden werden kann und was man dagegen tun muß; es besteht allerdings die Notwendigkeit für weitere Forschung, damit die Methoden der Vorbeugung und Behandlung noch effektiver werden. Tausende von Büchern und Artikeln wurden über das Stottern geschrieben, und es wurden zahlreiche Vorschläge gemacht hinsichtlich seiner Ursachen, seiner Natur und der Möglichkeiten seiner Behandlung. Einige Theorien wurden immer wieder aufs neue untersucht. Es gibt zum Beispiel mehr als zweihundert Untersuchungen zur Frage der Händigkeit, die sich aus einer Theorie ergaben, die besagt, daß die Umerziehung von der Linkshändigkeit zur Rechtshändigkeit Stottern verursacht.

Der Stottertherapeut O. Bloodstein faßt in seinem Handbuch des Stotterns einige hundert bedeutsame Forschungsergebnisse über das Wesen und die Ursache des Stotterns wie folgt zusammen:

> ### Die Forschungsergebnisse zum Stottern im Überblick
> - Stottern tritt vorwiegend als Störung in der Kindheit auf und kommt bei männlichen Kindern häufiger vor als bei weiblichen.
> - Der einzige herausragende Faktor, dem eine mögliche ursächliche Beziehung mit größter Wahrscheinlichkeit zugeschrieben werden kann, ist der Wettbewerbsdruck hinsichtlich Leistung oder Anpassung.
> - Das Stottern häuft sich in manchen Familien, und mit einiger Wahrscheinlichkeit gibt es eine gewisse Form eines genetischen Beitrags.
> - Es wurden keine großen Unterschiede in der Konstitution oder Persönlichkeit zwischen Stotternden und Nicht-Stotternden entdeckt, aber leichte Formen von Anpassungsschwierigkeiten scheinen ziemlich üblich zu sein, und es können feine Unterschiede in bestimmten angeborenen oder erworbenen Reaktionsweisen vorhanden sein.
> - Man stellt bei Stotternden häufig eine gewisse Verzögerung in der Sprech- und Sprachentwicklung fest, und oft haben sie Schwierigkeiten mit der Artikulation.
> - Ein ziemlich großer Anteil der Eltern von stotternden Kindern erscheinen mehr oder weniger fordernd, überängstlich oder perfektionistisch in ihren Erziehungspraktiken.
> - Es gibt mehrere herausragende Konzepte, von denen derzeit eines aufgrund seiner Beweiskraft favorisiert wird: Stottern ist eine vorwegnehmende Kampf- oder Vermeidungsreaktion.

Die Ergebnisse erlauben die Schlußfolgerung, daß sich Stottern gewöhnlich bei durchaus normalen Kindern entwickelt, dies zumindest teilweise aufgrund eines gewissen Drucks aus ihrer Umgebung, welcher dazu führt, daß sie mit ihren sprachlichen Bemühungen kämpfen, und weiterhin unter dem Gesichtspunkt, daß sowohl Erbfaktoren als auch bestimmte erworbene Persönlichkeitsmerkmale in gewisser Weise eine Rolle spielen.

Eine mögliche Fallgeschichte

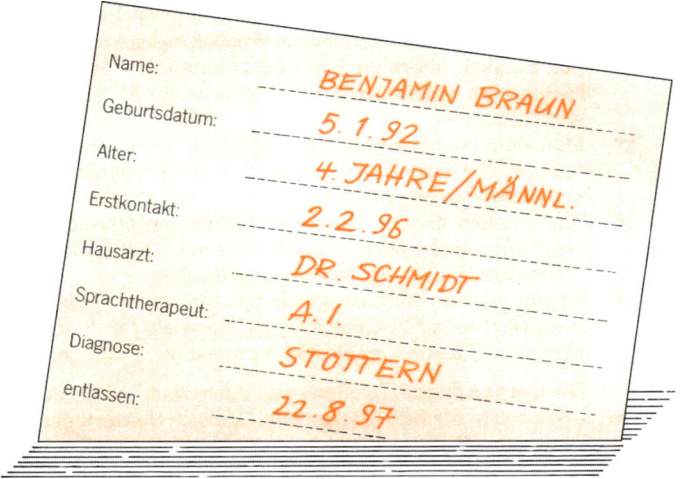

Notizen des Sprachtherapeuten

Abkürzungen: M = Mutter, V = Vater, B = Benjamin

1) Familienanamnese
a) Allgemein: Vater, Mutter, Stefan, 6 Jahre alt, und Benjamin, 4 Jahre alt. Die vier leben zusammen, ohne weiteres Familienmitglied. Keine besonderen Probleme, nur das Stottern, B und Stefan kommen gut miteinander aus, normale geschwisterliche Streitigkeiten.

b) Stottern: Der Bruder des Vaters stotterte als Kind ziemlich schwer. Er stottert immer noch leicht. Sie treffen sich kaum, weil der Bruder weiter weg wohnt. Keine weitere Geschichte bekannt.

2) Eigenanamnese

a) Allgemeine Entwicklung: Normale Schwangerschaft. Ausgetragen. Normale Entbindung. Entwöhnung ohne Probleme. Sitzen mit 5 Monaten; frei gelaufen mit 12 Monaten. M erinnert sich an keine Einzelheiten, alles normal. Keine Probleme, außer schmerzhaftem Zahnen.

Krankheiten: Mittelohrentzündung mit 12 Monaten, Windpocken mit 2 Jahren.

b) Sprachentwicklung: Normales Lallen. Erste Worte mit 12 Monaten (Ada und Mama); andere Einzelheiten wurden vergessen; Zwei-Wort-Sätze mit knapp 2 Jahren; Mehr-Wort-Sätze mit 2 ½ Jahren. Sprach einige Worte falsch aus, z.B. Kind = tind. Wurde außerhalb der Familie nicht immer verstanden. Kein Problem, weil die Familie ihn immer verstand. Jetzt ist die Aussprache in Ordnung. M sagt, er sei zu Hause ein Plappermaul; Fremden gegenüber etwas reserviert.

c) Stottern:
- *Bericht der Eltern:* Beginn mit 3 ½ Jahren, Ursache nicht bekannt. Sprach ein Jahr lang in ganzen Sätzen, ohne Stottern. Beginn allmählich – kam und ging –, dann wurde es konstanter, und M ging zum Hausarzt. Er sagte, B würde herauswachsen. M und V sorgten sich, als es nicht besser wurde. Nach 2 Monaten gingen sie wieder zum Hausarzt, der sie zu uns überwies.

  Die Eltern können das Stottern nicht beschreiben, außer daß es am Beginn eines Wortes und meistens am Beginn eines Satzes auftritt. Beide sind sehr beunruhigt darüber – vor allem die Mutter ist besorgt, «hauptsächlich, wenn es schlimm ist, und es kann sehr schlimm werden, es war schrecklich während der vergangenen Wochen». Das Stottern sei besonders auffallend, wenn B aufgeregt ist; aber es tritt zu allen Zeiten auf. Es gibt gelegentlich eine oder zwei Stunden ohne Stottern – nicht länger –, aber es wechselt von Tag zu Tag. Sie sagen ihm, er sol-

le »langsamer sprechen« oder »noch einmal von vorne beginnen«; das Stottern hört dadurch gewöhnlich auf – und das wiederholt sich viele Male am Tag. Die Großmutter (mütterlicherseits) sagt ihm auch, er solle »langsamer sprechen« und sich »nicht aufregen«. Stefan hat das Stottern nie erwähnt, und seine Eltern haben nie mit ihm darüber gesprochen. B hat sich nie besorgt gezeigt wegen des Stotterns, aber vor kurzem sagte er zweimal: »Ich kann es nicht sagen«.
- *Beobachtungen/Diagnostik:* Ich sprach mit ihm, während wir spielten (die Eltern im Zimmer): Geht aus sich heraus, ist freundlich, gesprächig. Stottern = wiederholt Laute (I-I-I-Ich m-m-m-m-möchte) und Silben (gi-gi-gi-gibst du-du-du mir). Meistens am Beginn des Satzes, manchmal im Satz. Schien sich seines Stotterns nicht bewußt zu sein. M sagte darüber: »Das ist es – das ist es, was ich meine.« Deutliche Spannung beim Stottern, aber nicht schwer. Einige leichte Wiederholungen ohne deutliche Spannung; klang wie ausgeprägtes, normales nicht-flüssiges Sprechen.
Eltern korrigierten ihn (sachlich, nicht böse) wegen unwichtiger Dinge – Zupfen am Schuh, Zusammenstoßen von zwei Autos – »Laß das«. Zu hohe Anforderungen?

3) Vorgehen

Eltern kommen einmal die Woche zu mir (ohne B), solange wie nötig. M kann wöchentlich kommen; Vater wird kommen, wenn er es einrichten kann. Freunde werden sich um die Kinder kümmern. Ich erkläre die Präventiv-Therapie. M und V sind besorgt darüber, ob B das Stottern aufgeben wird. Sagte ihnen, daß das ziemlich sicher ist, wenn sie die Präventiv-Therapie durchführen, obgleich sie möglicherweise manches nur schwer akzeptieren können und die Durchführung harte Arbeit bedeutet. Die Eltern waren begierig zu erfahren, was sie tun können; ich erklärte, daß wir einen Schritt nach dem anderen tun müssen.

Heute begannen wir mit der Schirm-Therapie, damit sie etwas haben, woran sie arbeiten können. Erklärte ihnen, daß sie aufhören müssen, negativ auf das Stottern zu reagieren – in jeder Hinsicht; daß sie anfangen müssen, sich so zu verhalten, als ob

B's Sprechen normal sei; daß sie das Stottern NICHT verbessern dürfen. Vielleicht korrigieren sie automatisch, aber sie müssen lernen, nicht mehr zu korrigieren. Erklärte ihnen, daß es für B das Wichtigste sei, daß er Freude am Sprechen hat und daß er nicht lernen soll, sich darüber zu sorgen. Korrigieren wird ihn besorgt machen – wenn er bekümmert ist über sein Stottern, dann ist das viel schädlicher für ihn als das Stottern selbst.

Keine Zeit für Details heute. Habe Eltern nur ein Notizbuch gegeben und sie gebeten, aufzuschreiben, was ihrer Meinung nach das Stottern a) verschlimmert und b) verbessert; das soll ihnen eine Orientierungshilfe geben, um herauszufinden, welche Situationen sie zu fördern versuchen sollten und welche zu verhindern. Nächster Termin in einer Woche – M und V können kommen. (M forderte B auf, »Danke« zu sagen, als sie gingen.)

9. Februar
M und V kamen.

Als sie vor einer Woche nach Hause kamen und über unser Treffen sprachen, konnten sie nicht daran glauben, daß es richtig sei, B nicht mehr aufzufordern, er solle langsamer sprechen – »nur dadurch hört er auf zu stottern«. Sie hörten auf, ihn zu korrigieren, aber sie sind nicht glücklich darüber – und sie sagen, daß sich sein Stottern nicht verändert hat!

Wir hatten heute viel Zeit: Wir sprachen ausführlich über die Schirm-Therapie, und jetzt verstehen sie wirklich die Gefahr, die durch das Korrigieren entsteht, und wollen es gerne weiterhin vermeiden. (Ich sagte ihnen, sie sollten das Stottern in *meine* Verantwortung geben; ich bin zuversichtlich, was das Resultat anbelangt – aber nur, wenn sie die Therapie auch durchhalten.)

Wir stellten eine Liste auf von all den anderen Personen, die mit B sprechen: Nachbarn, Großmutter, Großvater, B's Freunde (hauptsächlich Nachbarskinder), Ms Freunde, Freunde der Eltern, Verwandte.

M wird allen (nicht Bs Freunden und nicht Stefan) sagen, daß sie von dem Stottern keine Notiz nehmen sollen, was auch immer geschieht, und daß sie B nicht »helfen« sollen, indem sie ihm sagen, er solle sich Zeit lassen, etc. Wenn jemand nicht einverstanden ist (z.B. Großmutter), kann man sagen:»Darum hat die Sprachtherapeutin gebeten.« Vergewissere mich, daß *niemand* auf das Stottern reagiert. (Benutze ein Notizbuch, um alles aufzuschreiben, worüber sie reden möchten, damit nichts vergessen wird.) Sprachen über alle anderen negativen Reaktionen auf das Stottern, inklusive Körpersprache. Sagte ihnen, daß sie letzte Woche beide ängstlich aussahen, als B stotterte, und daß M ängstlich reagierte, als sie sagte: »Das ist es – das ist es, was ich meine.«

Ich erwähnte auch, daß sie bei unwichtigen Verstößen sagten: »Laß das« – ist ihr Maßstab unnötigerweise ziemlich hoch? Wir diskutierten darüber. Sie waren nicht meiner Meinung. Dann sagten sie: »Nun, vielleicht ein wenig.«

Notizbuch:
Stottern nimmt zu,

- wenn B aufgeregt ist,
- wenn er schnell spricht,
- wenn er seinen Willen nicht bekommt,
- wenn die Freundin der Mutter zum Kaffee kommt,
- wenn die ganze Familie zusammen ist.

Stottern läßt nach,

- wenn B allein zu Hause mit M ist.

Deshalb:

1. Aufregung vermindern.
2. B *viel Zeit* zum Reden geben (er fühlt sich vielleicht unter Druck, wenn die ganze Familie zu Hause ist).

M und V wollen diese Liste ergänzen. Sie schreiben auch auf, wenn ihre Anforderungen unnötig hoch sind. Sie schreiben auf, wenn sie auf das Stottern mit Körpersprache reagieren (sie wollen sich gegenseitig beobachten).

Ich sagte den Eltern, daß das Stottern sich nicht kontinuierlich verbessern wird, daß es immer Rückschläge gibt. Sie sollten sich keine Sorgen machen, wenn das passiert, es passiert immer, wird aber bald wieder besser. Wir sehen uns nächste Woche wieder.

16. Februar
M kam allein; V arbeitet.

M hat allen Leuten gesagt, daß sie das Stottern nicht beachten sollten. Die Großmutter war zunächst nicht einverstanden, aber M erklärte ihm, warum es notwendig sei, dann verstand die Großmutter und akzeptierte. Die Eltern sind nicht mehr so ängstlich wegen des Stotterns. M meint, daß es noch genauso häufig auftrete wie vorher, aber mit weniger Spannung. B hat nicht mehr gesagt: »Ich kann es nicht sagen.«

Wir diskutierten wieder über die hohen Anforderungen zu Hause – M und V haben einige bemerkt und verringert. Ich schlage vor, sie sollten aufhören zu sagen: »Laß das«, wenn es nicht nötig ist, weil es B frustriert – sie sollen versuchen, Frustrationen zu vermeiden. Die Mutter ist einverstanden – sie hatten es bis vor kurzem nicht bemerkt, daß sie es so oft sagten.

M hat das Gefühl, daß sie die Schirm-Therapie jetzt unter Kontrolle haben, deshalb fingen wir heute mit der »Fragen-Therapie« an. Ich erklärte ausführlich und gab Beispiele, wie man so viel wie bisher sagen kann, ohne Fragen zu benutzen. M sagt, daß sie viele Fragen stellen, vor allem sie selbst. Sie möchten gerne ihr Interesse an Bs Aktivitäten bekunden. Sie sagte, daß sie nie gedacht hätte, daß Fragenstellen das Stottern verstärken könnte – sie hatte das Gegenteil angenommen, nämlich daß das Bekunden von Interesse B helfen würde. (Ich erklärte ihr, daß das Zeigen von Interesse gut sei – und ohne Fragen möglich!) Sie verstand, denkt aber, daß es schwer wird. Sie will V alles erklären.

Zum 9. 2.: M und V haben auch ihre anderen körpersprachlichen Reaktionen auf das Stottern bemerkt, wenn B mehr als üblich stottert, z.B.: M seufzt vor Erleichterung, wenn B mit einer Geschichte fertig ist; V sah erwartungsvoll aus, während er auf das Ende wartete. (Die Eltern machten sich viele Gedanken über die Therapie.)

Sie haben festgestellt, daß B tatsächlich mehr stottert, wenn er schnell spricht, und das kommt meistens dann vor, wenn er aufgeregt ist. Sie versuchen, die Aufregung zu vermindern, und wollen sicherstellen, daß er sich vor dem Schlafengehen nicht mehr aufregt; aber sie sagen, daß er sich von Natur aus leicht aufregt. Sie arbeiten auch daran, ihn beim Sprechen nicht zu drängen, und sie wollen versuchen, ihn auch bei anderen Dingen nicht zur Eile anzuhalten.

23. Februar
M und V sind heute da.

Sie sind froh! Sie sagen, sie können eine deutliche Veränderung an Bs Stottern feststellen. Weniger stark, weniger häufig. Sie sagen, daß es besser wurde, als sie wirklich die Anzahl der Fragen verringert haben. Sie finden es schwierig, Fragen durch Nicht-Fragen zu ersetzen (und sie üben abends gemeinsam, wenn die Kinder im Bett sind! Sie sind großartig!). Sie übten auch hier. Sie sagten, sie würden wenigstens noch eine Woche brauchen, um das unter Kontrolle zu bringen, deshalb sprachen wir über all das, was wir bisher gemacht haben. Das hört sich alles gut an. Niemand korrigiert mehr; Körpersprache ist gering; sie arbeiten daran, Zeitdruck zu vermeiden, und das Stottern läßt nach. Guter Anfang. Wir sehen uns in einer Woche wieder.

3. März
M kam.

Sie kommen mit der Fragen-Therapie gut zurecht, haben aber das Gefühl, daß sie noch eine Woche daran arbeiten müssen. Sie haben die Zahl der Fragen bis auf wenige täglich verringert, aber manchmal fällt es ihnen schwer, eine Frage durch eine Nicht-Frage zu ersetzen. Wir hatten deshalb eine entspannte Sitzung ohne zusätzliche Therapie. Wir haben drei Dinge gemacht (und Kaffee getrunken!):

1) Die Mutter nannte einige Beispiele von Fragen, die sie B stellen möchte, und ich machte Vorschläge, wie man diese als Nicht-Fragen formulieren könnte.
2) Wir diskutierten noch einmal die hohen Anforderungen. Wir versuchten, die notwendigen Anforderungen von denen zu trennen, die man als Nörgelei bezeichnen kann.
3) M sprach darüber, daß B zum Kindergarten gehen soll (27. April), und sie ist immer noch ein wenig besorgt wegen des Stotterns. Ich bot ihr an, die Erzieherin anzurufen. (B hat sich den Kindergarten bereits angesehen und freut sich darauf.) M will auch mit der Erzieherin reden und ihr sagen, daß sie zur Therapie gehen, daß sich das Stottern bessern würde und daß man keine Notiz nehmen soll.

Zunahme und Abnahme des Stotterns: M hat festgestellt, daß das Stottern zunimmt, wenn jemand nicht versteht, was B sagt, und er es wiederholen muß. Ich schlage vor, daß sie raten sollen, was er gesagt hat, anstatt ihn um eine Wiederholung zu bitten. Wenn das nicht hilft, sollen sie sagen: »Entschuldige bitte, ich habe nicht richtig zugehört« anstatt: »Was hast du gesagt?« und dann sehen, was geschieht. Sie sollen mir darüber berichten.

9. März
M kam.

Die Frage-Therapie klappt gut – »es scheint sich zu normalisieren«. M und V haben eine weitere Veränderung des Stotterns festgestellt: B hat nun längere Phasen ohne Stottern. Er war halbe Tage lang ohne Stottern, anstatt nur ein oder zwei Stunden. Nachdem sie ihn jetzt nicht mehr auffordern, langsamer zu sprechen, bemerken sie das Stottern weniger. Sie wissen nicht genau, inwieweit B weniger stottert und inwieweit sie einfach nicht mehr die Notwendigkeit empfinden, darauf zu achten und zu korrigieren.

Eine weitere Verbesserung: B scheint sich in Gegenwart der Freundin seiner Mutter, die oft zu Besuch kommt, wohler zu fühlen. Er spricht jetzt viel mehr mit ihr als bisher. Die Freundin neigt dazu, B viele Fragen zu stellen, deshalb erklärte ihr die Mutter, daß sie die Fragen wenn möglich verringern solle.

Heute sprachen wir über die Aufforderung zum Sprechen. M denkt, daß das leicht sein wird nach der Fragen-Therapie! Sie glaubt nicht, daß sie oft zum Sprechen auffordert, aber sie will von jetzt an darauf achten. Ich erzählte der Mutter, daß sie bei unserem ersten Treffen zu B sagte: »Sage danke«, als sie gingen. Sie stimmt zu, daß sie oft »Sage danke« und »Sage auf Wiedersehen« sagt. Ich erwähnte, daß dann, wenn B in den Kindergarten geht, sie sich daran erinnern müsse, ihn nicht aufzufordern, seinem Vater zu berichten, was er im Kindergarten gemacht hat.

Nächste Woche bin ich nicht hier. Unser nächstes Treffen ist in zwei Wochen – am 23.

23. März
M und V kamen.

Sie sind viel weniger ängstlich wegen B, nachdem sie jetzt sicher sind, daß das Stottern nachläßt. Dann sagten sie: »Wir werden uns nie ganz sicher fühlen, solange es nicht gänzlich weg ist«, aber sie haben jetzt »viel mehr Hoffnung«.

Die »Therapie-des-nicht-zum-Sprechen-Aufforderns« war vergleichsweise einfach – sie forderten ihn ein paarmal auf, gewöhnten sich aber bald daran, ihm nicht mehr vorzuschreiben, was er sagen sollte. Sie ertappen sich dabei, wenn sie ihn auffordern wollen, und sind gewöhnlich in der Lage, es zu unterlassen. Es war hilfreich für sie, sich daran zu erinnern, daß alles vermieden werden muß, was mit »Sage« oder »Erzähle« beginnt.

Alles in Ordnung – deshalb machen wir mit der »Unterbrechen-Therapie« weiter. Beide Variationen: B nicht unterbrechen und ihm erlauben, daß er sie unterbricht. Sie waren darüber nicht sehr glücklich. Sie finden es in Ordnung, daß sie ihn nicht unterbrechen, aber sie sind der Meinung, daß es der Disziplin schadet, wenn B sie unterbricht. Ich erklärte ihnen, daß wir über Disziplin im allgemeinen nächstes Mal sprechen könnten, daß es aber bei der Überwindung des Stotterns keine Disziplinierung der Sprache geben dürfe. Diese muß zurückgestellt werden, bis B wieder in Ordnung ist. Ich erklärte ihnen, daß meine Erwartungen hinsichtlich der Überwindung des Stotterns wesentlich reduziert würden, wenn sie auf der Disziplinierung von Bs Sprechen bestehen würden. Andere Disziplinierung ja, aber nicht die des Sprechens. Bat sie, darüber nachzudenken, es zu versuchen und mir zu berichten, wie sie sich dabei fühlen. Nächstes Treffen in einer Woche.

30. März
M und V.

Rückschlag – beide krank vor Angst. B wurde von einem Hund gebissen; mußte zum Arzt. Es war nicht ernst, aber er bekam einen Schock, und sein Stottern ist wieder genauso schlimm wie zu Beginn der Therapie. Ich versichere ihnen, daß es in 2 bis 3 Wochen wieder nachlassen würde. Sie sollten nicht auf jedes Stottern hören, sondern sich statt dessen sorgfältig darauf konzentrieren, was B sagt, um ihre Aufmerksamkeit von dem Stottern abzulenken. Sie wollten B heute mitbringen, um mir »zu zeigen, wie schlimm es ist«. Wenn sie ihn wirklich mitbringen wollen, sollen sie ihn nächste Woche mitbringen. Es wird nicht helfen, wenn ich ihn höre – ich bin sicher, er wird sich wieder erholen. Wenn er kommt, werde ich nur mit ihm spielen, damit sein Sprechen nicht erwähnt wird (er scheint sich seines Stotterns immer noch nicht bewußt zu sein). Ich überlasse es den Eltern, zu entscheiden, was wir nächste Woche machen werden.

Sie haben sich nicht sehr um die Unterbrechen-Therapie gekümmert, weil sie mit der Hunde-Geschichte und dem Rückfall beschäftigt waren. Deshalb sprachen wir etwas detaillierter über die Themen der vergangenen Woche. Sie haben bereits beschlossen, sich von Benjamin unterbrechen zu lassen – das ist gut. Sie haben hart gearbeitet und brauchen eine Pause – vor allem, weil sie im Moment so besorgt sind. Ich schlage vor, sie sollten eine Woche lang ohne zusätzliche Therapie weitermachen oder mit der Unterbrechen-Therapie beginnen, wenn sie möchten.

Präventiv-Therapie Teil II

6. April
M und V (ohne B).

Bs Stottern hat bereits wieder ziemlich nachgelassen – M und V sind erleichtert. M sagte, daß ihre Hauptsorge der bevorstehende Kindergartenbesuch sei und daß sie nicht möchte, daß er dort anfängt, solange sein Stottern so schlimm sei. Sie fühlt sich viel glücklicher, nachdem es sich jetzt so schnell gebessert hat.

Sie haben mit der Unterbrechen-Therapie begonnen – sie finden es schwierig, sich daran zu erinnern, haben aber das Gefühl, daß sie einen guten Anfang gemacht haben. Wir sprachen über einzelne Therapie-Probleme, die im Verlauf der Woche aufgetaucht waren.

M erwähnte, daß B gerade eine »ungezogene Phase« zu durchlaufen scheine – er hat zwei Wutanfälle gehabt und sagt »nein«, wenn M ihn um etwas bittet, z.B. seine Spielsachen aufzuräumen. Ich schlage vor, sie sollten nachsichtig sein – er reagiert möglicherweise auf die jüngsten Ereignisse. Wir sprachen über allgemeine Disziplin: Sie haben Regeln, nicht zu viele, und alle klingen vernünftig. Manchmal geben sie nach, nachdem sie »nein« gesagt haben, aber nicht oft. Bis letzte Woche gab es kaum Probleme mit der Disziplin. Abwarten, was geschieht, und wieder darüber reden. (M und V glauben, daß sie bei unwichtigen Dingen nicht mehr sagen »Laß das« – vgl. 16. Februar.)

13. April
M kam.

Freude! B's Stottern hat beinahe wieder das gleiche Ausmaß wie vor dem Hundebiß erreicht. Keine Wutanfälle mehr – und die Mutter hat versucht, nichts mehr von ihm zu verlangen, um zu vermeiden, daß er sich weigert.

Die Eltern haben keine Schwierigkeiten mit Nicht-Unterbrechen/Zulassen von Unterbrechungen. Sie gehen sehr bewußt vor. M sagt, daß sie froh darüber sind, so viel mitarbeiten zu können. Ich sagte ihr, daß es nun nicht mehr viel zu tun gebe.

Eine mögliche Fallgeschichte

Heute sprachen wir detailliert über die »Therapie-des-Aufmerksamkeit-Schenkens«. M meint, daß das nicht zu schwer sein würde, weil sie daran gewöhnt seien, ihm zuzuhören. Sie sagt, Stefan hört gewöhnlich auch zu – und scheint das Stottern nie zu bemerken. Sie will V erzählen, was wir heute gemacht haben.

Ich warnte M davor, daß das Stottern zunehmen könne, wenn B in den Kindergarten kommt. Wir sehen uns in zwei Wochen.

27. April
M kam.

B ging heute zum ersten Mal in den Kindergarten. M ist ein wenig besorgt. Aufmerksamkeits-Therapie machte keine Schwierigkeiten. Sie haben sich selbst mehr beobachtet, seitdem sie wissen, daß sie zuhören müssen, wenn B spricht, aber sie sind immer noch der Meinung, daß sie das automatisch tun. M sagt, daß sie B diese Woche kaum stottern gehört haben – er stottert manchmal einen ganzen Tag lang nicht, und das Stottern scheint meist nur aus leichten Lautwiederholungen zu bestehen. Das ist wunderbar. Wir einigten uns darauf, daß es genügen würde, uns nur jede zweite Woche zu sehen.

Therapie heute: »Wettbewerb um die Gelegenheit zu sprechen«. M sagt, das komme gelegentlich mit Stefan vor; kommt aber damit zurecht, wenn sie sagt: »Einer nach dem anderen.« Wir sehen uns in zwei Wochen wieder.

11. Mai
M kam.

B geht gerne in den Kindergarten, sein Stottern ist nicht davon betroffen. Das sind gute Nachrichten – es sieht so aus, als ob das Stottern verschwinden würde, wenn es durch den Besuch des Kindergartens nicht beeinflußt wird. Ich sage das M.

Therapie heute: Aussprache und Grammatik. Sie korrigieren die Aussprache nicht – so wie es sein soll. Gelegentlich korrigieren beide die Grammatik – sie wollen damit aufhören.

M bringt B glücklich in den Kindergarten und genießt es, daß sie etwas mehr freie Zeit für sich selbst hat. Heute haben wir sogar geplaudert. Die Familie will in den Sommerferien nach Frankreich fahren. Wir sehen uns in drei Wochen wieder, wegen der Pfingstferien.

1. Juni
Niemand kam. (M rief später an – sie hatte V gebeten mitzukommen, und er hatte es vergessen. Gutes Zeichen – weniger besorgt!) Wir sehen uns nächste Woche.

8. Juni
V kam. (M fühlt sich nicht wohl.)

B hat immer noch ganze stotterfreie Tage, manchmal sogar länger. Er wiederholt keine Silben mehr. Die Wiederholungen sind immer noch ganz leicht – kaum Spannung vorhanden.

M und V haben beobachtet, daß der Wettbewerb um das Sprechen größer ist, seitdem B in den Kindergarten geht (wenn Stefan von der Schule nach Hause kommt, wollen beide Kinder gleichzeitig erzählen. Die Eltern sagen ihnen, daß sie nacheinander sprechen sollen).

Es scheint alles gut zu verlaufen, insbesondere sämtliche Therapieinhalte durchzuführen und alle Probleme zu notieren. Wir versuchen monatliche Treffen. Nächster Termin am 6. Juli. Anrufen, wenn das Stottern zunimmt.

6. Juli
M kam.

Stottern bessert sich weiterhin. Jetzt gibt es zwei oder drei Tage ohne Stottern. Es tritt immer noch auf, wenn B aufgeregt ist – es nahm zu, als er zu einem Fest eingeladen war, ließ aber innerhalb von zwei Tagen wieder nach. Eltern waren nicht unangemessen besorgt, weil sie feststellen konnten, wodurch das Stottern wieder zugenommen hatte.

Sie werden in drei Wochen nach Frankreich fahren – ich werde sie also fünf Wochen lang nicht sehen. Eine ziemlich lange Zeit bis zum nächsten Treffen, deshalb sprachen wir über die sechs direkten Sprechdrucksituationen. M sagt, daß die Disziplinschwierigkeiten gering seien und kein Problem darstellen. M und V haben ihre ursprünglich ziemlich hohen Anforderungen gelockert und wollen keinen unnötigen Druck auf B ausüben.

Ich denke, daß das Ende der Therapie jetzt in Sicht ist – die Eltern sind erfreut über Bs Fortschritte.

Ich erinnerte M daran, daß sie versuchen sollte, zuviel Aufregung über die Ferien zu vermeiden. Nächster Termin: 10. August (2 Tage nach Rückkehr).

10. August
M und V.

B begann »in dem Moment zu stottern, als er in das Flugzeug einstieg«!! Sein Stottern war »schrecklich während der ganzen Zeit, die wir dort waren«. Sie waren am Boden zerstört. Sie nehmen an, daß er aufgeregt war, weil er zum ersten Mal mit dem Flugzeug flog, dann sprachen viele Leute nur französisch (z.B. Kellner), und B schien sehr verwirrt und ziemlich erschreckt zu sein. Dann stellten die Eltern fest, daß er nicht wußte, daß Deutsch nicht die einzige Sprache ist. Er konnte nicht schlafen, war schlechter Laune und begann schnell zu weinen.

Ich verbrachte die ganze Sitzung damit, zu versichern, daß das Stottern wieder nachlassen würde. Sie geben zu, daß ich sie wegen möglicher Rückschläge vorgewarnt hatte, aber sie hatten nicht geglaubt, »daß das Stottern wieder so schlimm werden könnte, nachdem es beinahe verschwunden war«. Wir sehen uns nächste Woche.

17. August
M kam.

Das Stottern beginnt wieder nachzulassen. Erleichterung überall! »Lange nicht so gut, wie es gewesen war«, aber »eindeutig viel besser als nach dem Rückschlag«. Die Eltern gewinnen ihr Vertrauen wieder. Wir diskutieren über die Notwendigkeit, besonders darauf zu achten, daß B keinem Druck ausgesetzt wird und daß sie versuchen sollen, den Haushalt ruhig zu halten. Wir sehen uns in drei Wochen. Anrufen, wenn irgendein Rückfall auftritt.

7. September
M kam.

Alles ist in Ordnung. B ist wieder soweit wie vor Frankreich. Erinnerte M daran, daß der Weg zum flüssigen Sprechen nie gerade ist – oft sind es zwei Schritte vorwärts und einer zurück. Ich denke, daß die Eltern das jetzt begreifen, obgleich M sagte: »Denken Sie, daß es je aufhört?« Antwort: »Ja, es hat sich in den letzten sieben Monaten enorm verbessert.« Ich schlage vor, lieber geduldig zu sein, anstatt auf einen bestimmten Tag zu warten, an dem sie das Stottern für verschwunden erklären könnten. Ich schlage noch einmal vor, daß sie nicht auf das Stottern hören und es zählen sollten, sondern daß sie auf das hören sollten, was B *sagt*.

Jetzt gehe ich in Urlaub. Wir sehen uns in vier Wochen wieder.

5. Oktober
M kam.

Das Stottern hat wieder gewaltig nachgelassen. Es kommt vor, daß er eine ganze Woche lang nicht stottert, und die Eltern sind sich nicht sicher, ob er überhaupt noch stottert, weil er nur noch leichte Lautwiederholungen hat (am Anfang von Sätzen); aber manche Tage sind tatsächlich mehr nicht-flüssig als andere, deshalb sieht es so aus, als ob das Stottern annähernd vorbei sei und nur noch an manchen Tagen auftritt.

Wir sehen uns in zwei Monaten. Sie sollen anrufen, wenn sie sich Sorgen machen.

30. November
M kam.

Alles in Ordnung. Eltern haben während der vergangenen Wochen kein Stottern festgestellt. Sie sind ganz aus dem Häuschen.

■ Eine mögliche Fallgeschichte ■

Ich warne sie davor. Die Zeichen sind zwar sehr gut, aber wir sind noch nicht ganz in Sicherheit. B kann immer noch Rückschläge erleiden. Wir wollen entspannen und abwarten, was geschieht.

B sollte sich wegen Weihnachten nicht zu sehr aufregen – sie sollen für Freude an Weihnachten sorgen, aber wochenlange Aufregung vermeiden. Sagte M, daß sich sie in drei Monaten wieder sehen möchte (sie soll mich aber anrufen, wenn in der Zwischenzeit Schwierigkeiten auftreten). Erinnere M daran, daß B auch dann noch nicht-flüssig sprechen wird, wenn er das Stottern überwunden hat – so wie wir alle nicht-flüssig sprechen. (Ich stelle die Wiedereinführung der Drucksituationen zurück im Hinblick auf seine Rückschläge und die bevorstehende Aufregung wegen Weihnachten.)

22. Februar
M kam.

Kein Stottern während der vergangenen drei Monate. Sage M, daß ich sie und Benjamin in etwa sechs Monaten wiedersehen möchte, für eine abschließende Beurteilung. B wird wahrscheinlich nicht wieder stottern, aber es ist sicher nicht ganz auszuschließen. In der Zwischenzeit sollen die Eltern die sechs Sprechdrucksituationen allmählich wieder einführen. Erkläre M alles genau, damit B wieder wie jedes andere Kind behandelt wird – mit Druck auf sein Sprechen. Sie soll ganz behutsam vorgehen und jeden Druck unterlassen, wenn er Stottern hervorruft.

22. August
M kam mit B.

Ein glücklicher Tag. B ist in Ordnung. Alle Sprechdrucksituationen wurden wieder eingeführt. Kein Stottern in den vergangenen neun Monaten.

Die Therapie ist zu Ende.